LA CHINE

EN

MINIATURE.

DE L'IMPRIMERIE DE DEMONVILLE.

Femme Chinoise dans son intérieur.

LA CHINE EN MINIATURE,

ou CHOIX de

COSTUMES, ARTS ET MÉTIERS DE CET EMPIRE;

Représentés par 74 Gravures, la plupart d'après les originaux inédits *du Cabinet de feu* M. BERTIN, *Ministre; accompagnés de Notices explicatives, historiques et littéraires;*

PAR M. BRETON,

Auteur de la Bibliothèque Géographique, etc.

TOME QUATRIEME.

PARIS,

NEPVEU, Libraire, passage des Panoramas, N°. 26.

1811.

LA CHINE

EN

MINIATURE.

Planche LVI.

Femme chinoise avec ses enfans dans son appartement intérieur.

« On est bien reçu dans certains » livres, dit un ingénieux Mission- » naire, le P. Amiot (1), à dire que

(1) Dans sa réponse à l'ouvrage de

» les femmes sont traitées en esclaves » à la Chine, tout comme à murmurer » contre l'autorité qu'y ont les pères » et les mères : mais ces faiseurs de » contes seroient bien tristement sur » la défensive, si on leur prouvoit » (ce qui seroit très-facile), qu'à » prendre les choses dans leur tota- » lité, les personnes du sexe ont à la » Chine plus de ce crédit, de cette » considération, de cet ascendant, de » ce pouvoir et de cette autorité qui » peuvent assurer le bonheur de toute » leur vie : filles, elles doivent obéir » à leurs parens ; femmes, être sou-

---

M. de Paw, spirituel, mais rempli d'erreurs, intitulé : *Recherches sur les Egyptiens et les Chinois*.

» mises à leurs époux; veuves, se
» laisser gouverner par leurs fils;
» mais un père, un époux, un fils
» leur confient ce qu'ils ont de plus
» précieux, se reposent entièrement
» sur elles de toutes les affaires do-
» mestiques, n'entreprennent rien au
» dehors qu'après le leur avoir fait
» agréer, se mettent à l'étroit pour
» leur procurer des douceurs, et ne
» leur cachent de leurs affaires, que
» ce qui pourroit les contrister. Les
» tableaux que l'écriture a faits des
» mœurs des Juifs à cet égard, peu-
» vent donner des idées assez justes
» des mœurs chinoises ».

Cette opinion que bien des lecteurs seroient tentés de trouver paradoxale, est précisément celle d'un Asiatique, qui fit, il y a peu d'années, un voyage en Europe.

Mirza-Abou-Taleb-Khan, né dans la province d'Oude, de parens Mahométans, et qui étoit entré au service de la Compagnie angloise des Indes, vint à Londres en 1799; il en repartit en 1801, après avoir reçu à la Cour et partout l'accueil le plus distingué. Cet Indien a composé en langue persane un poëme sur la capitale de l'Angleterre, et dans sa langue maternelle, un Traité en prose sur la liberté des femmes asiatiques, comparée à celle des femmes angloises (1). On y voit des rapproche-

---

(1) Ce mémoire a été traduit en anglois dans la collection de la société de

mens très-ingénieux et remplis de sagacité.

Mirza-Abou-Taleb-Khan attribue notre manière de vivre en Europe à la cherté des loyers, à la petitesse de nos appartemens, et aux dépenses excessives qu'entraîne un grand nombre de domestiques, tandis qu'en Orient toutes ces jouissances sont à très-bon compte.

Calcutta. Il en a paru en France deux traductions à la fois, l'une dans l'estimable et savant recueil de M. Malte-Brun, intitulé *Annales des Voyages*; l'autre dans la collection des romans et mélanges de Kotzebue : il avoit traduit en allemand, sur la version angloise, ce morceau très-singulier.

« En Asie, dit-il, les femmes ha-
» bitent exclusivement la plus belle
» partie de la maison ; elles n'ont pas
» à toute heure, à toute minute, un
» mari qui épie et contrôle leurs ac-
» tions ; veulent-elles recevoir une
» amie chez elles, le mari mange
» seul dans son *Murdannah* (sa cham-
» bre), et pendant plusieurs jours de
» suite, elles lui interdisent l'entrée
» de leur propre appartement ; de son
» côté le mari jouit dans son *Mur-*
» *dannah* d'une liberté illimitée ».

Les femmes chinoises sont très-laborieuses ; on les voit toujours occupées chez elles à quelques travaux d'aiguille ou de broderie. M. Barrow a été autorisé peut-être à croire le contraire d'après la réponse que lui fit un des principaux Mandarins : voyant à cet officier une veste de soie élégamment brodée, il lui demanda si c'étoit l'ouvrage de sa femme; le Mandarin parut surpris et offensé de cette question.

Cette anecdote ne prouve absolument rien, parce qu'une exception ne détruit jamais une règle générale. Encore resteroit-il la question de savoir si l'habillement en question étoit véritablement *brodé* ou s'il étoit *broché ;* dans ce cas, l'étonnement du Mandarin n'auroit rien d'extraordinaire.

Non-seulement les ouvrages des Missionnaires à qui leur état et leur caractère donnent chez les femmes un accès, absolument interdit aux autres voyageurs, mais les poëmes et les livres des Chinois prouvent combien on estime dans le beau sexe l'amour du travail. Je citerai comme preuve quelques fragmens d'une ballade chinoise.

« En vain l'appartement des femmes est inaccessible aux regards du » public; si le désordre y entre, le » bruit s'en répand au loin avec ra» pidité, c'est un incendie; ceux qui » ne sont pas à portée de voir la » flamme, en aperçoivent la fumée.

« Le travail est le gardien de l'in» nocence des femmes; ne leur laissez » pas le temps d'être oisives; qu'elles » soient toute l'année les premières » vêtues, et les dernières à se désha» biller.

» Rien ne répugne dans l'intérieur » domestique à une femme modeste » et sage. La navette et l'aiguille n'oc- » cupent que ses loisirs ; la propreté » de la maison est l'ouvrage de ses » soins ; et elle se fait gloire, soit de » servir un malade, soit de préparer » le repas.

» Les perles et les pierreries, la » soie et l'or dont une coquette se » pare avec tant d'étude, sont un » vernis transparent qui fait mieux » ressortir tous ses défauts.

» Le bel espoir pour une famille » qu'une jeune fille qui a des lèvres » de carmin et des joues de fard! » Plus elle ressemble à une idole, » moins elle aura d'adorateurs ».

La dame représentée dans cette

gravure est d'un rang élevé; on le voit, non-seulement à son costume, à celui de ses enfans, mais encore à la décoration de son appartement. Elle est assise sur un coussin et sur une de ces estrades où l'on place les lits pendant la nuit. Le fond de cette espèce d'alcove est garni d'une tapisserie.

On voit dans cette chambre deux fenêtres donnant sur un jardin à la chinoise. A l'une de ces fenêtres, on aperçoit la tête de la fille aînée de la maison. Sur une espèce de table auprès de la mère, sont une théière, des tasses et tout ce qu'il faut pour préparer le thé. Le salon est orné de grandes glaces et de tableaux; à gauche est une cheminée dans le genre chinois:

les chambranles consistent en quatre piliers, laissant entre eux un espace vide; on apperçoit entre ces chambranles du côté droit, une des jattes de porcelaine sur lesquelles les Chinois s'asseyent souvent au lieu de chaises.

En été on place, assez ordinairement, sous la cheminée, un vase carré dans lequel croît un arbre nain; en hiver on ne fait guères le feu que dans des poëles fermés. On ne brûle presque jamais de bois, mais du charbon de terre. Ce fossile vient des montagnes de la province de Canton; presque toujours avant de l'employer, on lui donne une préparation qui consiste à en mêler la poussière avec de l'argile. On en forme ainsi des briques carrées.

Le bois est assez rare en Chine; celui que l'on coupe dans les montagnes et les îles voisines de la Tartarie, est presque entièrement employé à la construction des jonques et des bateaux.

« Pour le chauffage, dit un Missionnaire, les mines de charbon » de terre, et l'art de manier le feu, » rendent presque insensible la disette des bois dans les endroits » éloignés des montagnes ».

Nous avons déjà eu occasion de dire que les Chinois aimoient beaucoup leurs enfans, et en prenoient tout le soin imaginable. A la naissance d'un enfant, et surtout d'un fils, les gens riches donnent de grandes démonstrations de joie. On fait durcir une grande quantité d'œufs de poule et de cane ; on prépare en outre du riz ; on envoie à ses parens et à ses amis diverses friandises. Cela s'appelle littéralement en chinois *le régal du poil-follet.*

Au bout de trois jours, l'enfant est lavé : cette espèce d'ablution est l'occasion de nouvelles fêtes. On fait cuire des œufs par centaines et même par milliers : ces œufs, peints de toutes sortes de couleurs, sont appelés *les œufs du troisième jour*. Les parens, les amis viennent offrir à leur tour des œufs de la même espèce, et toutes sortes de pâtisseries et de sucreries. Il n'est pas nécessaire de faire remarquer l'analogie singulière qui existe entre ces coutumes et les réjouissances qui accompagnent nos baptêmes.

Un Philosophe chinois a fait des lamentations d'une gravité comique sur la grande quantité de poules et de canards que l'on égorge en ces circonstances. « Ne craint-on point, dit-il, que la prière qu'on fait pour » obtenir une longue vie à l'enfant » nouveau-né, ne soit rejetée avec in- » dignation par les Dieux à qui on » l'adresse ? En demandant une lon- » gue suite d'heureux jours pour son » fils, il conviendroit de la laisser à » tant d'animaux qu'on égorge. Pour » avoir ce fils, on s'est abtenu de rien » manger qui eût eu vie (1). Si l'on

(1) Lorsque les Chinois desirent des

» agissoit conséquemment, il fau-
» droit continuer la même abstinence
» pour obtenir sa conservation ».

Pourquoi faut-il que la loi que nous nous sommes imposée de donner, dans cet ouvrage, une notice complète sur toutes les coutumes de la Chine, nous contraigne à parler de la détestable indifférence avec laquelle certains Chinois commettent le crime d'infanticide? Il est vrai que c'est à Pékin et dans les grandes villes que l'on voit le plus souvent des parens dénaturés exposer, la nuit, au milieu des rues, les enfans nouveaux-

---

enfans, ils croient en obtenir en faisant des jeûnes solennels.

nés, qu'ils craignent de ne pouvoir nourrir.

Tous les matins, cinq tombereaux traînés chacun par un bufle, parcourent les rues de Pékin, et relèvent les malheureuses victimes de la cruauté de leurs parens, et de plus les enfans dont la mort a été naturelle, dont on n'abandonne ainsi les cadavres que pour n'avoir point à payer les frais d'enterrement. On porte à un cimetière public les enfans qui sont morts. Quant à ceux qui sont encore vivans, ils sont transportés à l'Yu-Ing-Tang, vaste maison de charité, où il y a des médecins et des nourrices payés aux frais de l'État. Cet établissement est organisé à peu près comme l'hospice des Enfans-Trouvés à Paris.

Il est possible que les conducteurs des tombereaux regardent comme morts des enfans qui respirent encore, et les portent au cimetière. Les Missionnaires catholiques établis à Pékin sont tour à tour de service auprès de ce lugubre asile de la mort ; ils ont soin de recueillir tous ceux qu'ils espèrent rappeler à la vie, et de les élever pour en faire des prosélytes. Quant à ceux qui n'ont plus qu'un souffle d'existence, ils tâchent du moins de leur administrer le baptême.

J'ose assurer que tel est le sens dans lequel doit être compris le texte du voyageur anglois Barrow. Je me suis efforcé de le rendre fidèlement dans ma traduction in-18, publiée en 1807. Voici les propres termes de l'original :

« To chuse among them those that » are the most *lively*, to make future » proselytes, etc. »

Mon concurrent, auteur de la traduction in-8°. a rendu le mot *lively* par cette périphrase : « Les enfans qui paroissent avoir le plus de *viva-* » *cité* et de gentillesse ». C'est un contre-sens énorme. Le mot anglois *lively*, adjectif dérivé du verbe *to live*, vivre, signifie bien *gai, gentil, aimable ;* mais il signifie aussi *doué de vivacité* dans le sens du latin *vivacitas*. On s'en sert pour dire qu'un enfant promet de s'élever, de vivre long-temps, ou, pour employer une expression vulgaire, qu'*il a bonne envie de vivre.* Traduire dans cette phrase *lively* par *gentillesse*, est une absurdité; car on ne peut guère dire que des nouveaux-nés soient plus ou moins *gentils* que d'autres, ni qu'ils aient plus ou moins de *vivacité* dans l'acception que nous donnons en françois à ce terme.

On sent combien seroit grave l'imputation faite par M. Barrow aux Missionnaires, si l'on s'en tenoit à la traduction in-8°.

Voilà donc à quoi se réduit ce que M. l'abbé Grosier, qui n'a pas lu l'original anglois, appelle « une ca-
» lomnie trop absurde pour être crue,
» et trop atroce pour qu'elle ne désho-
» nore pas l'écrivain qui l'invente et
» la publie ».

Dans les campagnes, et surtout parmi les mariniers et les pêcheurs qui passent leur vie sur les eaux, il arrive trop souvent que l'on consacre de malheureux enfans aux génies des fleuves : on leur attache une calebasse au cou, afin de faire surnager la tête, et on les laisse ainsi voguer au hasard. Cette horrible coutume a pareillement lieu dans plusieurs contrées de l'Inde : ce sont presque toujours les filles dont de pauvres familles cherchent à se débarrasser, parce qu'elles sont plus difficiles à élever et à établir que les garçons.

Cependant en Chine, les femmes de la classe du peuple ne le cèdent guère aux hommes sous le rapport de l'industrie et de l'endurcissement à la fatigue ; on les voit quelquefois traîner la charrue dans des terrains où, à la vérité, le labourage est facile, parce que ce sont des rizières inondées la plus grande partie de l'année. Le mari se réserve l'emploi moins pénible de diriger le soc de la charrue.

Si la condition des femmes en Orient nous paroît extraordinaire, en revanche les Asiatiques trouvent absurde et extravagante l'éducation que nous donnons aux nôtres. C'est sans doute pour empêcher que les Chinoises n'aient sous les yeux des exemples qui agiroient d'une manière dangereuse sur leur imagination, que l'entrée des femmes étrangères est sévèrement défendue en Chine. La Légation russe qui visita cet Empire en

1719, avoit des femmes à sa suite. Le Mandarin qui vint la recevoir sur les frontières, refusa de laisser passer les femmes, disant qu'il y en avoit déjà assez à Pékin.

Planche LVII.

Manière de monder le riz avec deux mules.

Le riz est aussi nécessaire à la subsistance des Chinois, que le pain de froment l'est à la nourriture des Européens; quand deux amis se rencontrent et se saluent, ils se demandent réciproquement, *comment ils ont mangé leur riz;* c'est une manière de s'informer des nouvelles de la santé de quelqu'un. Les Chinois disent manger le riz d'une personne, pour indiquer qu'on tient d'elle des moyens d'existence. Un Missionnaire appliqué à la torture à l'époque des dernières persécutions, protestoit n'être venu en Chine que pour propager la foi évangélique, et sans aucune vue d'intérêt personnel : le Mandarin et ses bourreaux vouloient le forcer à convenir qu'il étoit venu *pour avoir du riz*, et on employoit les tourmens les plus cruels, que le Missionnaire supportoit avec un courage admirable.

Le monosyllabe *fan*, qui signifie du riz bouilli, entre dans tous les mots de la langue chinoise qui ont rapport à l'action de manger. *Tché-fan*, qui est la dénomination générique d'un repas quelconque, signifie littéralement manger du riz; le déjeûner se dit *tsao-fan*, ou riz du matin; le souper *ouan-fan*, ou riz du soir.

On ajoute cependant au riz d'autres graines céréales, notamment le *How - Léang* ou grand millet. Le pain de froment n'est presque pas en usage; quoique cette production soit cultivée en Chine, ce n'est guères que dans les provinces septentrionales qu'il y a des plantations de blé.

Le moyen de moudre le froment et de le réduire en farine, est des plus simples : le moulin consiste en une table de pierre ronde, posée horisontalement comme une meule, sur laquelle l'ouvrier écrase le grain à l'aide d'un cylindre de pierre. Quelquefois on emploie au même usage des moulins à bras, consistant en une petite meule gisante, et une autre meule tournante, que fait mouvoir un seul homme.

On fait, avec la farine de blé, de petits pains qui se cuisent au bain-maris (1) en un quart-d'heure, et qui sont fort tendres. Les Européens trouvent ces gâteaux indigestes, ils les font un peu griller avant de les manger. On fait aussi dans la province de Canton une sorte de galette de blé, qui n'est pas mauvaise, surtout quand

---

(1) On se servoit autrefois de *l'eau de la mer* pour distiller au bain-marie ; on croyoit donner par là plus de vertu à la préparation. C'est de là qu'est venu le terme *balneum maris*, c'est-à-dire, *bain de mer*, et non pas *bain de Marie*, ce qui n'offriroit absolument aucun sens.

on y mêle certaines herbes propres à irriter l'appétit.

Les Chinois réduisent aussi la farine en vermicelle; le riz, le millet et d'autres grains sont quelquefois convertis en farine comme le froment; on en prépare également des galettes et du vermicelle.

Le riz prospère dans les provinces méridionales, ainsi que dans le pays tributaire qu'on appelle *Royaume de Laos*. Il ne peut croître que dans des plaines inondées.

Le débordement annuel des rivières est on ne peut plus favorable à ce genre de culture; les eaux en se retirant déposent un limon qui engraisse merveilleusement les terres; quelques jours après que ce limon est déposé, on se prépare à semer le riz. On commence par entourer un quarré de terre d'une petite chaussée d'argile, afin de détourner les eaux, et de rendre le terrain un peu plus sec ; on laboure ensuite, on fait passer la herse, et l'on confie aux sillons le grain qui a été préalablement trempé dans du fumier et de l'urine. Le frontispice du tome Ier, représentant la fête de l'agriculture, offre le modèle de la charrue chinoise, qui est d'une extrême simplicité.

On inonde, après cette opération, le terrain, soit par des canaux qui conduisent l'eau d'une source plus élevée, soit à l'aide d'une pompe à chaîne ou à chapelet, quand l'eau est plus basse que le champ qu'on veut arroser. En peu de jours on voit les jeunes feuilles du riz s'élever au-dessus de l'eau. Quand le riz a atteint sept ou huit pouces de hauteur, on l'arrache avec sa racine; on en coupe les sommités, et chaque pied est repiqué séparément dans de petits sillons tracés avec la charrue, ou dans des trous faits avec un bâton pointu: ces pieds doivent être à six pouces de distance les uns des autres. On inonde également le champ, et l'on attend patiemment la récolte, qui, dans les bonnes années, doit produire quinze ou vingt pour un (1).

Il y a une espèce de riz qui est

(1) M. de Guignes dit que le terme moyen du produit est de dix pour un.

rouge, et n'exige pas autant d'humidité que le blanc : on le cultive dans les montagnes, mais ce riz n'est pas d'une aussi bonne qualité, on ne l'emploie guère que pour le brasser, et en faire du vin ou de l'eau-de-vie.

La hauteur du riz dans les champs où on le cultive, n'excède guère trois pieds.

On lit ce qui suit dans les Observations de Physique et d'Histoire naturelle de l'Empereur Kang-Hi (1).

« Il arriva une année dans ma terre » de *Fong-Tsi*, qu'un pied de riz » monta en épis, et mûrit long-temps » avant les autres. Cette indication de

(1) Mémoires concernant les Chinois, tome IX, page 477.

» la nature fut un trait de lumière
» pour moi : je donnai mes ordres
» pour qu'on recueillît séparément le
» riz de cet épis précoce, et pour
» qu'on le semât dans un terrain par-
» ticulier. Tout ce qui en est venu de-
» puis plusieurs années, a mûri beau-
» coup plutôt que l'autre riz. »

On fait à la Chine deux moissons par année; mais la récolte du riz est sujette à bien des hasards. Quand la plante est jeune, la moindre sécheresse la fait languir; quand elle approche de sa maturité, une inondation ne lui est pas moins fatale : les oiseaux et les sauterelles, dont la multitude, dans ces contrées, surpasse tout ce qu'un Européen pourroit imaginer, attaquent le riz de préférence à toute autre graine céréale.

On coupe le riz trois *lunes* après l'avoir transplanté ; les Chinois se servent pour cela d'une petite faucille dentelée comme une scie. On attache deux gerbes à chaque extrémité d'un bambou qu'un homme charge sur son épaule, et on les rassemble dans l'aire où le grain doit être séparé de la paille. Cette opération se fait, soit avec un fléau, soit en faisant fouler les gerbes aux pieds du bétail.

Il y a plusieurs méthodes pour *monder* le riz, c'est-à-dire pour dégager le grain de sa pellicule : la plus ordinaire consiste à piler les grains dans une sorte de mortier, avec une pierre de forme conique attachée à l'extrémité d'un levier. Le mortier est un grand vase de terre ou une pierre creusée. Le levier est mis en mouvement par le mouvement alternatif des pieds d'un homme.

Cette manipulation est représentée dans la planche XXII, tome II. On y voit des femmes broyant avec un pilon de cette espèce la farine de riz qui doit servir à la fabrication du papier de bambou.

Dans les grandes exploitations, on se sert, pour monder le riz, de meules plus écartées que si on vouloit réduire le grain en farine. La meule tournante est mise en action par deux mules auxquelles on a soin de couvrir les yeux, afin qu'elles ne soient pas fatiguées et éblouies par ce tournoiement continuel. C'est l'opération représentée dans cette gravure.

A mesure que le grain est mondé, on en verse de nouveau par la trémie, cette espèce d'entonnoir carré qu'on voit au-dessus du couvercle de planches qui environne la meule courante.

Quelquefois l'on se sert de moulins à eau pour monder le riz.

Ce grain étant ainsi dépouillé de sa pellicule, est porté au marché; mais avant de le cuire, on lui fait subir une autre préparation. On le frotte dans un vase de terre cannelé rempli d'eau, où on le lave soigneusement, afin de le dégager de toute impureté. Il ne faut qu'un quart d'heure pour faire cuire le riz; on le met pour cela dans une poële de fer remplie d'eau, qui recouvre tous les grains, de peur qu'ils ne s'attachent les uns aux autres.

Planche LVIII.

MANIÈRE DE VANNER LE RIZ.

Fig. 1. *Homme qui vanne le riz avec un crible mis en mouvement par un levier.*

Fig. 2. *Homme qui épure le riz avec un tamis.*

M. Barrow trouve dans la culture du riz une des causes de l'immense population de la Chine. Un seul acre de terre (mesure angloise) semé en riz, produit de quoi nourrir cinq personnes pendant un an, à raison de deux livres et demie par jour pour

1. 2.

simence. Un acre planté en coton donne de quoi habiller deux ou trois cents personnes.

Lorsque le riz est moulu, il reste nécessairement du son mêlé avec le bon grain; pour enlever cette pellicule inutile, on vanne le riz à l'aide d'une espèce de meule tenue par un levier, comme on le voit au n.° 1, ou bien on le passe à travers un crible. (Voyez le n.° 2.)

La nécessité de nourrir une si grande population a rendu l'imagination des Chinois fertile en ressources. Ils cultivent les montagnes les plus escarpées jusques sur leurs cîmes pierreuses. Nous avons déjà vu comment l'on tire parti de ces montagnes, même inaccessibles, pour la produc-

chacune. Un acre planté en coton donne de quoi habiller deux ou trois cents personnes.

Lorsque le riz est mondé, il reste nécessairement du son mêlé avec le bon grain; pour enlever cette pellicule inutile, on vanne le riz à l'aide d'une espèce de meule tenue par un levier, comme on le voit au n.° 1, ou bien on le passe à travers un crible. *Voyez* le n.° 2.

La nécessité de nourrir une si grande population a rendu l'imagination des Chinois fertile en ressources. Ils cultivent les montagnes les plus escarpées jusques sur le bord des précipices. Nous avons déjà vu comment l'on tire parti de ces montagnes, même inaccessibles, pour la production du thé. Il en est où l'on établit des terrasses au nombre de vingt ou trente, de la hauteur de trois ou quatre pieds chacune.

Ces montagnes, disent les Missionnaires, ne sont pas d'ordinaire pierreuses comme celles d'Europe. La terre en est légère, poreuse et facile à couper, et même si profonde en plusieurs provinces, qu'on peut y creuser à la profondeur de trois ou quatre cents pieds sans trouver le roc.

Quand les montagnes sont formées de rochers, les Chinois en détachent les pierres, et en font de petites murailles pour soutenir les terrasses ; ils aplanissent ensuite la bonne terre, et y sément le grain. Une entreprise si pénible fait assez voir combien le peuple de la Chine est laborieux. Toutes les terrasses sont pourvues d'eau par des irrigations artificielles.

M. Barrow a dit un peu trop légèrement, ce me semble, que cette méthode de cultiver les montagnes n'étoit pas aussi commune à la Chine que le prétendent les Missionnaires. « Nous ne l'avons vue, dit-il, sur » notre route qu'une seule fois en » usage, encore étoient-ce des cul- » tures si petites, qu'elles méritent » à peine qu'on en parle ».

L'ingénieux écrivain anglois auroit dû réfléchir que l'ambassade a fait son voyage par eau dans les contrées les plus unies et les plus plates de la Chine où il n'y a presque pas de montagnes. Les voyageurs n'ont pu apercevoir des plantations de cette espèce que du côté de Canton. Les Ambassadeurs hollandois qui ont fait par terre la plus grande partie de leur route, et dans une autre direction, ont vu beaucoup de hauteurs taillées en terrasses.

Cette méthode, au surplus, n'est pas très-rare, même en Europe; on la pratique avec succès dans le pays de Vaud, entre Lausanne et Vevay et dans les départemens de la France, situés sur la rive gauche du Rhin. Enfin, sans aller si loin, on peut voir à une des portes de Paris, la montagne dite des *Bons-Hommes*, où l'on a établi des terrasses de la même espèce.

1. 2.

Planche LIX.

N.° 1. *Homme du peuple avec un parapluie.*

N°. 2. *Paysan couvert de son manteau de paille de riz.*

C'EST évidemment sur le modèle des éventails chinois qu'ont été faits ceux de nos dames, ces éventails qui avoient une si grande vogue il y a trente à quarante ans, et dont la mode semble aujourd'hui presque passée.

Il semble aussi que ce soit des Chinois que nos parapluies ont été imités. La différence principale est, qu'au lieu de côtes de baleine, les parapluies chinois ont des côtes de bambou ; quelquefois le parapluie est composé d'un simple tissu de cannes sans autre couverture, quelquefois il est recouvert en taffetas. *Voyez* le n.° 1.

Les paysans chinois ne négligent point la paille de leur riz ; ils en emploient la plus grande partie à nourrir leur bétail, après l'avoir hachée (1). Le reste sert à couvrir leurs chaumières, ou même à leur fabriquer des manteaux.

---

(1) En Allemagne, la méthode de nourrir les chevaux avec de la paille hachée, est très-commune. J'ai vu une petite scie qui sert à cette manipulation, et qui agit avec une promptitude surprenante.

Ces manteaux sont imperméables aux plus fortes pluies : c'est dans un tel équipage que les paysans exploitent leurs rizières. J'ai sous les yeux une estampe gravée d'après un dessin ou peinture originale, par l'un des Chinois élevés à Paris, et dont j'ai parlé dans ma préface. Un cultivateur porté sur une espèce de traîneau composé de quatre planches et tiré par un buffle, parcourt les différentes parties de son champ inondé ; son costume est à peu près le même que celui de l'homme représenté dans le n.° 2 ; mais on ne sauroit se faire d'idée d'une mise plus singulière, ni d'un aspect plus repoussant.

Planche LX.

N°. 1. *Manteau de paille de riz des paysans chinois, vu en dessus.*

N°. 2. *Le même, vu en dessous.*

N°. 3. *Sandale de bois.*

N°. 4. *Sandale de paille tressée.*

N°. 5. *Petit pied des Chinoises.*

N°. 6. *Chaussure des Dames de la Chine.*

Le manteau du paysan représenté dans la précédente gravure, est composé de trois rangs de paille de riz. Celui-ci (n.° 1 et 2), est formé seu-

1
5.
2.
3.
6.
4.

lement de deux rangées. On voit dans le n.° 2 quelle en est la contexture intérieure ; les travaux de chaume sont cousus sur une tresse grossière de la même matière dont les mailles sont fort larges.

Indépendamment des chaussures dont nous parlerons plus loin, les paysans portent des sandales qui consistent, soit dans une semelle de bois recourbée vers la pointe du pied, comme on le voit dans le n.° 3, soit dans un demi-chausson de paille ou de cannes tressées.

Le n.° 4 représente la manière dont, dans plusieurs de quelques provinces, on emmaillotte le pied, en repliant les quatre doigts plus petits et laissant droit le grand orteil dans

lement de deux rangées. On voit dans le n.° 2 quelle en est la contexture intérieure; les tuyaux de chaume sont cousus sur une tresse grossière de la même matière dont les mailles sont fort larges.

Indépendamment des chaussures dont nous parlerons plus loin, les paysans portent des sandales qui consistent, soit dans une semelle de bois recourbée vers la pointe du pied, comme on le voit dans le n.° 3, soit dans un demi-chausson de paille ou de cannes tressées.

Le n.° 5 représente la manière dont les Chinoises de quelques provinces se rapetissent le pied, en repliant les quatre doigts plus petits, et laissant croître le grand orteil dans toute sa longueur. Je renvoye pour l'explication au texte de la planche II, dans le tome I.er

Le n.° 6 offre la chaussure la plus ordinaire des dames chinoises.

J'ajouterai que non-seulement les Chinois se font des habillemens ou des chaussures avec des pailles ou des cannes tressées; ils se font encore des habitations plus ou moins élégantes avec ces mêmes matériaux.

Les maisons chinoises sont pour la plupart construites en briques; mais on élève souvent des habitations temporaires formées de nattes ou de claies de bambou. Il y a de ces maisons que l'on construit du soir au matin. L'Empereur lui-même, quand il est en voyage, loge volontiers sous des tentes, quoiqu'il traverse les parties les plus riches de ses Etats. On porte à dos de chameau tout ce qui est nécessaire pour la construction et l'ameublement de ces tentes; c'est un reste des mœurs tartares que les Souverains de cette dynastie conservent avec soin, non-seulement par esprit national, mais pour accoutumer les grands seigneurs à la vie des camps.

Les nattes s'emploient en Chine à une multitude d'usages qui nous sont inconnus. Les gens du peuple couchent presque tous sur des nattes en guise de matelas; quant aux lits des personnes opulentes, ils sont formés de matelas de coton, ils ont des rideaux de satin ou de taffetas, et sont entourés d'une gaze très-fine qui n'empêche pas l'air de passer, mais qui est assez serrée pour garantir des moucherons si incommodes dans les provinces du Midi.

Dans les provinces septentrionales, le lit est dressé sur une estrade de briques cuites au soleil ; à côté est un petit fourneau qui communique par des tuyaux la chaleur dans les différentes parties de l'appartement. La fumée s'échappe par un conduit ménagé exprès.

Chez les personnes de distinction, le fourneau est établi dans l'épaisseur de la muraille, on l'allume en dehors ; par ce moyen le lit s'échauffe lui-même.

Les Chinois ne font pas, comme les Européens, usage de lits de plumes ;

ceux qui craignent de coucher immédiatement sur les briques nues, y dressent un fond de sangles ou de nattes.

Tout cet appareil se lève le matin, car il seroit fort impoli de montrer son lit à des étrangers; on étend, à la place, des tapis et des nattes d'un tissu plus fin.

Les lits chinois sont généralement sans rideaux, mais les gens riches en ont de diverses étoffes qu'ils changent suivant les saisons.

Un autre usage des nattes est d'en faire des voiles pour les vaisseaux. Nous en parlerons dans un des articles suivans.

Planche LXI.

Chasse aux canards sauvages.

Les Chinois préfèrent la chair de canards à celle de presque toute autre volaille; on en élève d'immenses quantités sur les eaux. Les mariniers et pêcheurs qui passent leur vie entière dans des barques ou sur les radeaux, nourrissent une quantité immense de ces volatiles. Telle est la docilité des canards qu'ils reconnoissent leurs maîtres respectifs.

Ainsi, quoique la surface d'un lac ou d'une rivière soit couverte de plusieurs milliers d'oiseaux appartenant

à différentes barques ; et qui se confondent ensemble, au signal que donne le maître d'un de ces bateaux, en frappant sur un gong de cuivre, on voit tous les canards qui lui appartiennent, nager vers lui et remonter à leur bord, sans qu'aucun étranger se mêle parmi eux.

M. de Guignes explique cette docilité singulière attestée par tous les voyageurs, et dont lui-même a été plusieurs fois témoin, en observant que le gong des différens bateaux n'étant pas du même diamètre et ne rendant pas le même son, ces volatiles ont plus de facilité à reconnoître celui de leur propriétaire.

M. Barrow dit que le signal est donné par un coup de sifflet; mais

à différentes barques, et qui se confondent ensemble, au signal que donne le maître d'un de ces bateaux, en frappant sur un gong de cuivre, on voit tous les canards qui lui appartiennent, nager vers lui et remonter à leur bord, sans qu'aucun étranger se mêle parmi eux.

M. de Guignes explique cette docilité singulière attestée par tous les voyageurs, et dont lui-même a été plusieurs fois témoin, en observant que le gong des différens bateaux n'étant pas du même diamètre et ne rendant pas le même son, ces volatiles ont plus de facilité à reconnoître celui de leur propriétaire.

M. Barrow dit que le signal est donné par un coup de sifflet, mais on peut avoir dans les diverses provinces des méthodes différentes.

Afin de multiplier le plus possible ces animaux utiles, on fait éclore leurs œufs par des procédés artificiels, de même que les Egyptiens font éclore à la chaleur d'un four les œufs de poules.

Il paroît que les méthodes sont différentes, et que celle des Chinois est plus facile et plus sûre, peut-être à cause du naturel particulier des volatiles à l'égard desquels on l'emploie. Après avoir rassemblé une suffisante quantité d'œufs de cane, on forme avec des bambous une cage à quelque distance de terre ; le fond est garni d'une couche de fumier et de fiente de canard, on met par-dessus une rangée d'œufs, puis alternativement une couche de fumier et d'œufs, jusqu'à ce que toute la capacité soit remplie; on entretient à l'aide d'un feu léger le degré de chaleur convenable, que l'expérience a appris à connoître (1), jusqu'au moment où les petits sont prêts à éclore; on retire alors les œufs, on les casse, et on confie les canetons à de vieilles canes qui les adoptent, les conduisent et les couvrent de leurs aîles.

Les Chinois vendent une partie de leurs canards vivans, ils tuent les

---

(1) Le secret de faire éclore les canards est connu en Egypte de quelques familles Coptes, qui se le transmettent de génération en génération.

autres, les ouvrent en deux, les salent et les tiennent écartés avec deux petits bâtons pour les faire sécher. Dans cet état, la chair se faisande et acquiert un goût plus délicat que lorsqu'elle étoit fraîche.

La chasse aux canards sauvages est fort ingénieuse, et en même temps plaisante à voir. Les chasseurs passent leur tête dans de grosses citrouilles ou des calebasses sèches, où ils laissent quelques trous pour voir et pour respirer; ils marchent tout nuds dans l'eau, ou bien ils nagent sans laisser paroître au dehors rien autre chose que la citrouille qui leur couvre la tête. Les canards que l'on a accoutumés à voir de ces citrouilles flottantes, autour desquelles ils se jouent et cherchent leur nourriture, s'en approchent sans défiance ; le chasseur les tirant par les pieds dans l'eau pour les empêcher de crier, leur tord le col, et les attache à sa ceinture.

Ce genre de chasse est connu dans l'Indostan sur le Gange, où on le pratique un peu différemment. Les Indous se servent de jarres de terre au lieu de calebasses; ce sont ordinairement les vases de terre dans lesquels les Banians font cuire leur riz, et qui n'étant point vernissés, ne servent qu'une fois. On les jette dans la rivière comme inutiles, et on en voit flotter un grand nombre. Les preneurs de canards se cachent également la tête sous ces jarres de terre, et s'approchent des animaux aquatiques qui n'ont point peur, et se laissent prendre sans résistance.

On voit dans le fond de la gravure ci-jointe un bateau de pêche sur lequel sont deux Cormorans ou oiseaux-pêcheurs. La description de cette pêche et de quelques autres particulières à la Chine, fera l'objet de l'article suivant.

Planche LXII.

Leu-Tsé, ou Cormoran pêcheur.

Notice sur d'autres genres de pêche.

Le Cormoran de la Chine est, comme l'indique son nom Linnéen, *Pelecanus sinensis*, un oiseau de la famille des Pélicans; il diffère beaucoup d'un autre Cormoran, *Pelecanus carbo*, que l'on trouve sur presque toutes les côtes d'Europe.

Dans l'état sauvage, ces volatiles aquatiques se réunissent en grand nombre pour pêcher; ils forment un grand cercle qui se rétrécit peu à peu par le rapprochement des oiseaux : les uns battent des ailes à la surface de l'eau, les autres plongent en dessous ; ils attirent ainsi le poisson effrayé dans les bas-fonds plus rapprochés du rivage. Alors les poissons n'ayant plus autant de facilité pour s'échapper, deviennent la proie de leurs avides ennemis.

M. Barrow assure qu'autrefois on profitoit en Angleterre de la voracité du Cormoran européen, et qu'on le dressoit à la pêche : les Chinois et leurs voisins paroissent aujourd'hui les seules nations qui usent de cette méthode.

Les pêcheurs chinois prennent avec eux, le matin, dix ou douze de ces oiseaux encore à jeun, et se placent, soit dans des barques légères, soit sur des radeaux de bambou. Ils en font plonger un ou deux à la fois : il est rare que le Cormoran remonte sans avoir pris quelque poisson, lequel est souvent d'une grosseur considérable. Pour empêcher que le Cormoran n'avale tout-à-fait sa proie et n'en dispose à son profit, on lui passe communément dans le cou un anneau, qui empêche le poisson de pénétrer au-delà ; mais souvent l'animal est si bien dressé, que cette précaution n'est pas nécessaire : l'oiseau rapporte fidèlement sa capture à son maître ; et quand celui-ci est content de sa pêche, il le laisse travailler pour son compte.

Il faut observer, pour l'intelligence

de ce genre de pêche, que tous les oiseaux de la famille des Pélicans ont le cou alongé et susceptible de plus ou moins de dilatation. Le Pélican a même la facilité de retenir le poisson dans la mandibule inférieure de son bec, laquelle est composée d'une membrane qui s'élargit prodigieusement. La manière dont la femelle du Pélican distribue à ses petits les poissons qu'elle a recueillis dans son bec, a donné lieu à l'opinion fabuleuse que cet oiseau nourrissoit sa progéniture de son propre sang.

Le Cormoran retient le poisson dans son cou, c'est-à-dire dans le canal de l'œsophage. Pour lui faire rendre gorge du poisson qu'il a avalé, le pêcheur le renverse la tête en bas, et lui passe la main sur le cou.

Duhalde assure que quand le poisson est trop gros, les Cormorans se prêtent mutuellement secours: « l'un » le prend par la queue, l'autre par la » tête, et de compagnie ils l'apportent » au bateau de leur maître. »

L'estampe jointe à son ouvrage représente des poissons dans cette attitude. Le savant Jésuite a été trompé par de faux renseignemens : d'abord le Cormoran n'a pas les mandibules du bec assez fortes pour retenir un poisson en travers. Il suffit ensuite d'avoir touché des poissons vivans, et de s'être assuré combien ils sont vifs et prompts à s'échapper, pour reconnoître l'impossibilité d'un pareil fait.

Les premiers Missionnaires qui ont écrit sur la Chine, n'ont pas toujours vu par eux-mêmes. Dans le temps où les poissons dorés de ce pays n'étoient pas encore introduits en Europe, le P. Lecomte en a publié une description qui n'est guère moins fausse, ni moins exagérée que celle que le P. Kircker a donnée de l'*Hortensia*, et que j'ai crue assez curieuse pour la rapporter plus haut.

Le P. Lecomte, qui, je dois l'observer, a été à cet égard réfuté par Duhalde, dit que les poissons dorés ne sont pas plus longs que le doigt; que le mâle est rouge et la femelle blanche; que la queue n'est pas unie et plate comme celle des autres poissons, mais formée en bouquet; que ces animaux sont tellement délicats, que pour les changer d'eau, il ne faut pas les toucher avec la main. Il y a dans toutes ces assertions autant d'erreurs que de mots : les poissons dorés de la Chine ont la vie pour le moins aussi dure que les autres poissons ; ils peuvent tomber d'une hauteur considérable sans se faire du mal ; ils ne craignent que la saleté de l'eau. Pour peu qu'elle commence à se corrompre, elle ne leur offre plus les alimens qu'ils y trouvent, et surtout l'air qu'ils aspirent continuellement à l'aide de leurs branchies.

« Les Chinois, dit Duhalde, ont » une autre manière fort simple de » prendre le poisson : ils se servent » de longs bateaux fort étroits, et

» clouent d'un bout à l'autre, sur
» les bords, une planche large de
» deux pieds, enduite d'un vernis
» blanc et très-lustré. Cette planche
» s'incline en dehors d'une manière
» imperceptible, jusqu'à ce qu'elle soit
» presque à fleur d'eau. On s'en sert
» pendant la nuit, et on la tourne
» du côté de la lune, afin que la ré-
» flexion de la lumière en augmente
» l'éclat. Les poissons confondent ai-
» sément la couleur de la planche
» vernissée avec celle de l'eau ; ils
» s'élancent souvent de ce côté-là, et
» tombent sur la planche ou dans le
» bateau ».

Les poissons de la Chine sont à peu près du même genre que ceux de l'Europe ; on y voit des lamproies, des carpes, des soles, des saumons, des truites, des aloses, des esturgeons, des morues, etc. Un des poissons les plus estimés, et qui pèse environ quarante livres, est celui qu'ils nommment *Tcho-Kia-Yu*, c'est-à-dire, *l'encuirassé*. Il a, en effet, sur le dos, sous le ventre et sur les flancs, une suite d'écailles tranchantes, rangées en ligne droite. C'est, suivant les Missionnaires, un poisson admirable, dont la chair est très-blanche, et ressemble assez à celle du veau pour le goût.

On pêche une autre sorte de poisson fort délicat, que les gens du pays appellent *poisson de farine*, à cause de son extrême blancheur, et parce que ses prunelles noires semblent enchâssées dans des cercles d'argent d'un éclat extraordinaire. Il y en a dans les mers du côté de la province de Kiang-Nan, une quantité si prodigieuse, qu'on en tire jusqu'à quatre cents livres pesant d'un seul coup de filet.

Le poisson *Hoang-Yu*, c'est-à-dire, jaune, parvient quelquefois à une grosseur si prodigieuse, qu'il pèse jusqu'à huit cents livres : on le pêche dans le lac *Tong-Ting-Hou*, et dans le fleuve *Yang-Tsé-Kiang*, qui sort de ce lac.

Outre les simples radeaux de bambou qui servent à la pêche ou au transport des marchandises, il est des radeaux qui présentent des dimensions énormes ; on en voit particulièrement de cette espèce sur le fleuve Kiang. On coupe dans les montagnes de *Sé-Tchuen* de grands arbres que l'on attache, au moyen de cordes d'osier et de bambou passées dans des trous, aux extrémités du bois ; on entasse une quantité suffisante de ces arbres pour former des radeaux de quatre ou cinq pieds de hauteur sur dix ou douze de largeur. La longueur en est indéfinie et proportionnée à la richesse du marchand. Il est de ces trains qui ont une demi-lieue de longeur. Toutes les parties du radeau sont flexibles, et se meuvent aussi facilement que les anneaux d'une chaîne : quatre ou cinq hommes le gouvernent en avant avec des perches et des rames.

On bâtit au-dessus, d'espace en espace, des maisons de bois couvertes de planches ou de nattes, dans lesquelles les bateliers enferment leurs meubles, font leur cuisine et prennent leur sommeil. On voit souvent plus de quarante de ces maisons sur un seul radeau. Dans les grandes villes où ils abordent, et où l'on achète leur bois, ils vendent leurs maisons tout entières; ils font ainsi plus de six cents lieues sur l'eau, quand ils transportent leur bois jusqu'à Pékin.

Tous les voyageurs se récrient sur le spectacle singulier que présentent les radeaux chinois; il ne faut cependant pas sortir de l'Europe, ni même de la France, pour voir à peu près la même chose. J'ai parlé dans mon voyage en Belgique, et sur la rive gauche du Rhin (1), des *flottes* ou trains de bois flotté qui naviguent sur le Rhin, et sont conduits en Hollande. Ils consistent en chênes et sapins de soixante à soixante-dix pieds de longueur, fixés et croisés par de longues poutres. Cinq ou six cents ouvriers s'embarquent à la fois sur cette île flottante, et sont logés pendant tout le trajet, sous des baraques de planches de sapin.

La consommation des vivres pendant ces voyages, depuis Cologne jusqu'à Dort en Hollande, est de quinze ou vingt mille livres de viande fraîche, de quarante à cinquante mille

---

(1) Tome II, page 200.

livres de pain, de dix à quinze mille livres de fromage, douze à quinze cents livres de beurre, huit cents ou mille livres de viande fumée, et cinq à six cents tonnes de bierre forte. Le salaire de chaque homme, outre sa nourriture, est de trente-trois francs environ.

Planche LXIII.

Dévideuse de cocons.

Notice sur la manière d'élever les vers à soie.

M. Barrow a fait dans son ouvrage une dissertation fort curieuse pour prouver que les Modernes confondent mal à propos avec les Chinois, le peuple que les Anciens appeloient Sérès ou Séricaniens. Il ajoute que les étoffes de soie dont les Romains faisoient usage, leur venoient de la Perse, et non de la Sérique; suivant lui, les passages de Virgile, de Silius Italicus, de Claudien, de Pline, d'Horace, etc., où l'on a cru qu'il étoit question de la soie, désignent le coton. En effet, ces auteurs parlent d'une substance laineuse (1), et ne disent rien qui s'applique exclusivement aux cocons des vers à soie.

Il prétend que l'introduction de la soie en Chine, a été faite par une colonie juive. Il paroît que cette précieuse étoffe étoit connue du temps de Salomon, et qu'on la tiroit de la Perse ou de la Médie, à en juger

(1) Tels que : *vellera ut foliis depectant tenuia seres*, Virgile ; *lanigeris lucis* de Silius Italicus ; *lanigeræ sylvæ* de Claudien ; et le *frondium canitiem* de Pline.

par plusieurs expressions de la Bible; notamment dans Ezéchiel, cap. 27: *et bissum et sericum* et Chod-Chod, *proposuerunt in mercato suo*. On a traduit dans la Vulgate par *bissum et sericum*, c'est-à-dire par *lin* et *soie* les deux premiers mots du texte hébraïque; mais les interprètes ne sont pas d'accord sur la manière de rendre le mot *Chod-Chod*: les uns disent des *perles*, d'autres des *rubis*, ceux-ci des *diamans*, ceux-là des *escarboucles*.

M. Barrow a omis de citer ce verset d'Ezéchiel qui eût été bien favorable à son système, car il n'eût pas manqué de traduire contre l'usage ordinaire *sericum* par *coton* et *Chod-Chod* par *soie*.

Une phrase de l'historien Justin, *vestes perlucidæ ac fluidæ Medis*, ne peut s'entendre que de robes de soie.

Quoi qu'il en soit, il seroit difficile de juger d'après les monumens historiques des Chinois, à quelle époque ils ont commencé, soit à filer les cocons des vers à soie sauvages, soit à nourrir des insectes domestiques avec la feuille du mûrier.

Les vers à soie sauvages se trouvent dans les provinces les plus chaudes de la Chine, notamment auprès de Canton. Ils vivent indistinctement de toutes sortes de feuilles, surtout de celles du frêne, du chêne et du *fagara*, et filent une soie grisâtre et rarement blanche.

L'étoffe grossière qu'on en fabrique s'appelle *Kien-Tcheou*, elle est susceptible de se laver, et c'est pour cela que des personnes de qualité ne dédaignent pas d'en porter des habits.

Les plus anciens écrivains de l'Empire attribuent la découverte de la soie à une des femmes de l'Empereur Hoang-Ti. Depuis ce temps les Impératrices se sont fait un honneur de faire éclore les vers à soie, de les élever, de les nourrir, de dévider les cocons, et de mettre la soie en œuvre. Jusqu'à la dernière dynastie, il y avoit dans les jardins du Palais une petite forêt de mûriers; tous les ans, la femme du Monarque présidoit à une cérémonie analogue à celle de la culture des terres. L'Impératrice accompagnée des autres femmes de l'Empereur et des plus grandes dames de la cour se rendoit avec solennité à cette forêt ; elle cueilloit de sa main les feuilles de trois branches que ses suivantes abaissoient à sa portée.

Les plus belles pièces de soie qu'elle faisoit fabriquer sous ses yeux, et auxquelles elle travailloit elle-même, étoient destinées à la cérémonie du grand sacrifice au Chang-Ti.

On voit dans le recueil des mémoires sur la Chine, un motif assez étrange du silence des auteurs chinois sur l'époque précise où l'on a commencé à travailler la soie produite par les vers sauvages :

« Soit que les Lettrés soient prévé-

» nus contre les vers à soie sauvages, » ils n'en parlent guères qu'en passant; soit aussi que le Gouvernement ne veuille ni accréditer, ni » étendre la manière d'en élever, » l'on a affecté de n'en dire mot dans » le grand recueil d'agriculture ».

Il ne faut pas croire que ces vers qu'on élève en pleine campagne, ne demandent presque aucun soin, et qu'ils soient plus faciles à gouverner que les vers à soie du mûrier (1).

(1) J'ai cru d'autant plus intéressant de donner cette notice sur les vers à soie sauvages, tirée de la collection des Missionnaires, qu'on n'en trouve, pour ainsi dire, pas un mot dans Duhalde, ni dans les relations du voyage de lord

Quand les jeunes larves sont sorties de l'œuf, on a soin de suspendre des faisceaux de moëlle de millet à l'arbre qui leur sert de gîte, afin qu'elles passent plus aisément de leur berceau aux feuilles de l'arbre. Outre la délicatesse de ces vers, ils ont des ennemis en grand nombre. Les fourmis et les insectes ailés de la saison en sont très-friands. Le moyen de les garantir des fourmis dans leur première en-

---

Macartney. Ce qui me semble encore plus extraordinaire, c'est que les Entomologistes ne parlent que très-superficiellement des mœurs et des habitudes des insectes sauvages, tandis qu'ils s'étendent avec de grands détails sur la manière d'élever les vers à soie en Provence.

fance, est d'environner après une grande pluie d'un fossé rempli d'eau, le frêne ou *fagara* sur lequel ils sont logés. Il est encore plus sûr d'entourer d'un vase plein d'eau la base des grosses branches dont ils dévorent les feuilles.

Pour les défendre des oiseaux, on entoure les arbres de filets à mailles très-serrées. Il est plus difficile de les garantir des guêpes et des frelons qui fondent sur les larves, les coupent en deux, et les sucent, en passant même à travers du filet. Il faut, pour les détruire, user d'artifice, et les attirer dans le voisinage sur des bâtons enduits de miel, où on va les brûler avec des brandons de paille, dès qu'ils sont rassemblés en grand nombre.

La pluie n'est pas contraire à ces insectes, elle répand dans l'air une fraîcheur qui leur plaît, et leur est surtout utile en ce qu'elle écarte leurs ennemis.

Il faut avoir soin de proportionner le nombre des insectes qu'on laisse sur un arbre à la quantité de feuilles destinées à les nourrir. Ils ont quatre mues de quatre en quatre jours, et acquièrent une grosseur plus que double de celle des insectes domestiques.

C'est entre le dix-neuvième et le vingt-deuxième jour de leur existence qu'ils entreprennent le grand ouvrage de filer leur cocon. Ils courbent une feuille en gondole et y forment un cocon de la grosseur d'un œuf de poule et presque aussi dur ; ce cocon a une des extrémités ouvertes en forme d'entonnoir renversé. C'est un passage tout préparé pour le papillon qui doit sortir ; avec le secours de la liqueur dont il est mouillé, les fils humectés cèdent à ses efforts, et il perce sa prison lorsque le temps en est venu.

On ne dévide point ces cocons, attendu qu'ils sont percés ; on est obligé de les filer comme les cocons de graine (1) de la Provence.

Nous avons dit plus haut que l'étoffe, qu'on en fabriquoit, supportoit

---

(1) Ce sont les cocons réservés pour la production des papillons, et pour obtenir des œufs qu'on appelle *graines*.

le blanchissage ; on fait aussi avec cette soie des cordes d'instrumens de musique, parce qu'elle est plus forte et plus sonore.

Quelquefois on obtient deux couvées de vers sauvages, l'une au printemps, l'autre à la fin de l'été.

Les vers de chêne sont plus tardifs à faire leur cocon, que ceux de *fagara* et de frêne, et ils s'y prennent différemment ; au lieu de plier une seule feuille, ils en rapprochent deux ou trois, s'enferment dedans, et y filent leur coque ; elle est plus grosse, mais d'une soie inférieure et moins estimée.

Les cocons sauvages sont si forts et si compactes, que les insectes ont bien de la peine à les percer ; aussi y restent-ils enfermés depuis la fin de l'été ou le commencement de l'automne jusqu'au printemps de l'année suivante. « On a vu, disent les Missionnaires, les cocons oubliés une » année, donner leurs papillons la » suivante, et il est notoire qu'on » peut retarder la métamorphose de » la chrysalide bien avant dans l'été ».

Les Chinois distinguent fort bien les cocons qui contiennent des papillons mâles de ceux qui renferment des papillons femelles. Ce choix est important lorsqu'on veut mettre à part des cocons destinés à produire des œufs, afin d'avoir un grand nombre de femelles, car celles-ci attirent les mâles en quantité suffisante. Ces papillons, bien différens de ceux de l'insecte domestique, volent très-bien. On laisse errer librement les mâles, mais on a soin de retenir les femelles; on les saisit à l'instant où elles sortent du cocon; on les attache par une de leurs aîles, avec un fil de soie fixé à l'autre bout sur un gros paquet de moëlle de grand millet (1).

La ponte ne va pas au-delà de quatre à cinq cents œufs.

« La grande et essentielle différence, disent les Missionnaires, » entre les vers à soie de mûrier et » les vers à soie sauvages, c'est que

(1) *Milium arundinaceum*. C'est la substance spongieuse à laquelle sont fixées les graines.

» l'Auteur de la Nature s'est plu à » donner à ces derniers un génie de » liberté et d'indépendance absolu- » ment indomptable ».

Nous lisons dans les observations d'Histoire naturelle de l'Empereur Kang-Hi, une réflexion assez curieuse :

« Les Mahométans qui sont au » nord-ouest de la Chine élèvent des » vers à soie d'une espèce différente » des nôtres; ils sont plus gros de » la moitié : la soie qu'ils filent est » plus forte et d'une plus longue du- » rée ; quarante fils de soie suffisent » pour mettre un fil en œuvre, au » lieu qu'il en faut quatre-vingts dans » la province de *Tsé-Kiang*, d'où » nous vient notre plus belle soie.

» Comment a-t-on osé dire qu'il n'y » a pas de soie hors de la Chine » ?

Le ver à soie domestique n'est qu'une variété de l'espèce sauvage.

Les plus belles soies viennent de la province de *Tché-Kiang*, où l'on cultive un grand nombre de mûriers.

On élague continuellement les branches de ces arbres, afin que les jeunes râmeaux poussent plus promptement, car ce sont leurs feuilles que le ver préfère.

On plante ces mûriers par rangs bien alignés, à dix ou douze pieds de distance les uns des autres.

Les premières chaleurs faisant éclore les œufs des insectes, il arrive assez fréquemment en Chine, comme dans le nord de la France, que les mûriers ne sont pas encore garnis d'une quantité suffisante de feuilles. On y supplée dans notre climat par des feuilles de laitue. En Chine, le procédé est fort ingénieux; on donne aux jeunes larves, des feuilles recueillies dans l'automne précédent, lesquelles ont été séchées et réduites en poudre.

Il faut choisir, pour le logement des vers, un lieu agréable, un peu élevé, sur un terrain sec, et dans le voisinage d'un ruisseau.

Le quartier doit être solitaire, et surtout éloigné du bruit et de toute mauvaise odeur. On prétend que l'aboiement des chiens et le chant du coq sont capables de déranger et faire périr les vers à soie.

Les fenêtres des chambres où on

nourrit des vers, sont fermées d'un papier blanc et transparent. Il y a des temps où la clarté est nécessaire, d'autres où il faut de l'obscurité; c'est pourquoi il y a des nattes mobiles derrière les châssis.

Il importe qu'on mette ensemble les vers qui sont éclos en même temps, afin qu'ils puissent dormir, veiller, manger et muer tous ensemble. Quand on les visite, on enlève ceux qui sont en retard.

Les vers sont disposés sur des claies de jonc formant huit ou dix étages les uns au-dessus des autres : on met au fond de la claie un matelas de paille hachée, sur laquelle on étend une longue feuille de papier. Dans les premiers jours, les jeunes larves ayant besoin d'une nourriture plus délicate, on coupe les feuilles en petits filamens très-déliés.

Pour faire éclore les œufs, on suspend à des cordes les feuilles de papier sur lesquelles les femelles les ont déposés. On échauffe la chambre au degré nécessaire : il faut que le feu ne jette ni flamme, ni fumée. Quand les petits vers sont près d'éclore, on étend les feuilles de papier sur des nattes très-fines : on incline ensuite ces mêmes feuilles sur de longues feuilles de papier couvertes de feuilles de mûrier. L'odeur attire les petits vers affamés ; on aide les plus paresseux, soit avec une plume, soit en frappant légèrement la feuille renversée.

Le soin de l'établissement est confié dès ce moment à une femme intelligente, qu'on appelle *Tsam-Mou*, c'est-à-dire, la *mère des vers*. Cette femme ne prend possession de son emploi qu'après s'être bien lavée, et revêtue d'habits propres. Il ne faut pas qu'elle ait mangé depuis peu de temps, ni qu'elle ait touché de la chicorée sauvage : on regarde l'odeur de cette plante comme très-préjudiciable aux jeunes élèves. Cette femme est couverte d'habits simples et sans doublure, afin de mieux juger du degré de chaleur du feu ; car dans ces sortes d'établissemens, les Chinois ne font pas usage du thermomètre.

Les feuilles chargées de rosée, celles qui ont été séchées au soleil ou à un grand vent, ou qui sont empreintes de quelque mauvaise odeur, sont la cause la plus ordinaire de leurs maladies : il est à propos de cueillir les feuilles deux ou trois jours d'avance, et de les tenir au large dans un lieu bien net et bien aéré.

Les jeunes élèves de nos pensionnats, qui s'amusent à nourrir des vers à soie, ont souvent la douleur de voir périr des couvées presque entières, parce qu'ils n'ont pas toute la liberté possible pour faire leurs provisions de feuilles, et qu'ils ont surtout la mauvaise habitude de les mouiller pour les tenir fraîches. Ces feuilles humides ne manquent jamais de donner aux vers une jaunisse presque toujours mortelle.

Les Chinois prétendent que les feuilles qu'on a tenues quelque temps dans son sein, et qui s'y sont pénétrées de la transpiration du corps, sont excellentes pour les vers à soie.

Quand ces vers approchent de leur vieillesse (car leur existence n'est que de vingt ou vingt-cinq jours), on leur donne de la nourriture en moindre quantité ; il importe d'éviter qu'ils aient des indigestions.

Quand ils sont prêts à façonner leurs coques, il faut les enlever de leurs nattes, et les mettre sur des claies d'un autre genre.

Au bout de sept jours, le travail des coques est achevé ; une semaine après, les vers quittent leurs riches tombeaux, et paroissent sous la forme de papillons. On met à part les coques destinées à la multiplication de l'espèce, en les plaçant sur une claie, dans un lieu bien aéré. C'est ce qu'on appelle en France les *cocons de graine*.

Les papillons percent eux-mêmes leurs coques; on les expose sur des feuilles de papier; vingt-quatre ou trente-six heures après, les femelles pondent leurs œufs.

On donne le nom de fève, de nymphe ou de chrysalide, au papillon renfermé dans la coque : cette chrysalide n'a ni pieds, ni ailes; mais on reconnoît à quelques pulsations, qu'elle renferme un animal vivant. En effet, le papillon y est contenu dans une espèce de sac. Les

Chinois mangent avec délices les chrysalides.

Les cocons de graines ne sont plus propres à être dévidés ; cependant ils ne sont pas perdus pour cela ; on en forme de la filoselle, ou de la bourre de soie.

Quant aux cocons destinés à fournir la soie, on les vend à la livre, à des entrepreneurs, qui les font dévider.

La première opération est de tuer les chrysalides que renferment les cocons, de peur qu'elles ne viennent à éclore et à détériorer les coques en les perçant. Cette opération cruelle, mais malheureusement nécessaire, se fait à la vapeur de l'eau bouillante.

Lorsqu'il s'agit de dévider les cocons, on en met dans une chaudière remplie d'eau bouillante, huit, dix, douze, pour chaque fil, plus ou moins, selon le degré de force que l'on veut donner à la soie. Quelquefois on allume du feu par dessous, afin d'y entretenir la chaleur; quelquefois, comme dans la gravure ci-jointe, la chaudière est abandonnée à sa propre chaleur. Une femme assise devant la chaudière, agite les cocons avec un petit balai de jonc; (dans nos provinces, on emploie au même usage un balai de brins de bouleau). La dernière extrémité du fil de chacune des coques s'attache aux tiges déliées du jonc. La devideuse les saisit à mesure : quand elle tient tous les fils, elle les passe à un anneau en haut de son métier, où ils glissent comme sur une poulie, jusqu'au dévidoir. La même femme fait tourner le dévidoir par le mouvement de ses pieds, à l'aide d'une pédale.

Dans les manufactures plus considérables, une autre femme ou un enfant font tourner le dévidoir.

Il arrive souvent que des brins de soie se cassent : il faut que la femme en retrouve le bout au fond de sa chaudière, et que, pour cela, elle plonge les mains dans l'eau presque bouillante. Aussi a-t-elle à côté d'elle une ou deux jarres remplies d'eau fraîche où elle trempe aussitôt ses doigts, afin de prévenir les effets de la brûlure et d'en dissiper la douleur. Les personnes qui ont vu travailler ce genre d'ouvriers dans la Provence ou le Piémont, ne peuvent s'empêcher d'admirer l'insensibilité de la peau de ces femmes. Elles ne manifestent aucune douleur ; mais, en revanche, il n'en est aucune qui ait la prétention d'avoir de belles mains.

La soie dévidée subit à peu près les mêmes préparations que nos fabricans lui donnent en Europe, et on en fait différentes sortes d'étoffes. J'observerai seulement que les Chinois ne mettent pas de gomme dans leurs soies écrues, parce que ce gluten y existe naturellement.

La soie est si commune en Chine, et la main-d'œuvre en est à si bas prix, qu'elle y semble inépuisable. Non-seulement les Mandarins, mais les Lettrés et toutes les personnes un peu à leur aise, tant hommes que femmes, portent des habits de soie, et sont vêtus de satin ou de damas. Nous avons dit dans le premier volume, que les uniformes des soldats eux-mêmes sont faits de cette matière réputée ailleurs si précieuse.

Cette abondance de la soie n'empêche pas qu'on ne puisse importer à la Chine des soieries, quand elles sont d'un travail riche et élégant. Dans les magasins de Canton, les Chinois roulent facilement les pièces qui ont été développées; ils ont pour cela deux longues tiges d'acier poli: cet instrument est fort ingénieux, et mériteroit qu'on l'adoptât dans nos magasins européens.

Une lettre du P. Bourgeois à M. Bertin, Ministre, en date du 15 novembre 1777, présente cette idée assez singulière, que dans les districts où l'on élève beaucoup de vers à soie, les chevaux ne peuvent vivre et ne tardent pas à mourir.

MM. Ko et Yang passant par Lyon pour se rendre en Espagne, et delà dans la Chine, leur patrie, ont visité par ordre du Ministre, les moulinages de soie de cette ville. Voici quelques réflexions que je trouve à cet égard dans le Mémoire qu'ils ont rédigé en commun.

« Dans les différentes teintures, le » blanc de France a grand besoin » d'être perfectionné aussi bien que » le bleu, le jaune et le noir. Cette » dernière couleur en France brûle

» l'étoffe, au lieu qu'à la Chine elle
» n'y porte aucun préjudice, quoi-
» qu'elle soit inaltérable. Le bleu et
» le jaune de France ne peuvent être
» exposés à la pluie sans être ternis,
» au lieu que, selon les connoisseurs
» en étoffes, ces mêmes couleurs qui
» viennent de la Chine, résistent au
» lavage sans perdre leur lustre ».

Ces mêmes étrangers ont admiré les galons d'or et d'argent qui se fabriquent à Lyon; ils assurent que l'importation dans leur pays, de fils d'or, ou plutôt d'argent doré, seroit fort avantageuse.

« On s'en serviroit, disent-ils,
» pour les étoffes brochées et les dif-
» férentes broderies en or. Les Chi-
» nois ne font d'autre broderie en or

» qu'avec des *filées* de papier, cou-
» vertes de feuilles d'or; aussi leurs
» broderies ne sont-elles guère à l'é-
» preuve de la pluie (1).

» Le velours uni de Lyon, de l'aveu
» des connoisseurs qui ont demeuré à
» la Chine, ne paroît pas aussi beau
» que le nôtre, quoiqu'il soit plus
» cher dans ce pays-ci; mais les étoffes
» brochées de Lyon sont parfaites.

» Nous ne croyons pas que les Chi-
» nois sachent encore moirer leurs
» étoffes unies, non plus que faire des
» étoffes *chinées*, quoique le nom

(1) Ces fils de papier tordu sont absolument semblables à ceux que les Chinois emploient quelquefois dans leur reliure.

» semble indiquer qu'on en a pris l
» goût des Chinois.

» Nous avons vu travailler à la
» gaze ; celle de la Chine est beaucoup
» meilleure, tant à cause de son bril-
» lant, qu'à cause de sa finesse. Nous
» en avons de différentes espèces : les
» unes sont roides, les autres sont
» moëlleuses ; il y en a de simples et
» d'unies ; il y en a aussi de façonnées
» ou quasi brochées ; et celles-ci sont
» certainement supérieures à toutes
» les gazes que nous avons vues en
» France. »

Les Chinois ne font leurs tapisseries, ni avec de la laine, ni avec de la soie ; ils se servent pour cela de poils de chameau. Au jugement de Ko et de Yang, ce tissu ne mérite guère le nom de tapisserie. « Ce ne » sont, disent-ils, que mille bigar- » rures, sans beaucoup de goût, ni » de liaison. Aussi les Chinois ne s'en » servent-ils que comme d'une espèce » de tapis de pieds. Deux ou trois ten- » tures des tapisseries des Gobelins, » dans le palais de l'Empereur, lui fe- » roient peut-être plus de plaisir que » tous les trônes magnifiques dont il » orne sa cour. Il seroit surpris de l'é- » clat des couleurs et de la beauté du » dessin: Les personnages et les fleurs » sont préférables à toute autre re- « présentation; mais il faut que les » personnages soient décents, parce » que les Chinois sont sur cela extrê- » mement délicats. »

Ce fut peut-être d'après cette idée

émise par Ko et Yang, que le ministère crut devoir joindre à leur pacotille de superbes tapisseries des Gobelins, destinées à être offertes à l'Empereur chinois.

Ils eurent d'abord bien de la peine à soustraire, à Canton, ces précieux objets à l'avidité des douaniers et des autres préposés du Gouvernement. Le Vice-Roi vouloit absolument les acheter, ou, en d'autres termes, se les approprier moyennant un prix modique. Enfin, après bien des pourparlers, les obstacles furent levés; mais il se présenta une difficulté plus grande, s'il étoit possible, et à-laquelle il est étrange qu'on n'eût pas encore pensé : comment, à quel titre, et sur-tout en quel nom offrir à l'Empereur un aussi riche présent ?

Un passage d'une lettre de M. Yang, va prouver combien l'affaire étoit épineuse.

« Les tapisseries viendront peut-» être cette année; mais l'embarras » est de savoir au nom de qui elles » peuvent être offertes à l'Empereur. » Il est certain que nous ne pouvons » pas le faire en notre nom, parce » qu'il est inoui que des particuliers » osent hasarder de rien offrir à ce » Monarque. Emploierons - nous la » main d'un Mandarin du pays ? il » est hors de doute qu'il ne se char-» geroit pas d'une commission où il » ne s'agit que de perdre au moins sa » charge..... Les donnera-t-on au nom » du Roi ? sans compter le danger

» qu'il y a que les pièces ne soient » regardées comme un tribut, ce qu'on » a coutume de faire par rapport aux » présens des autres Rois, nous nous » croirions coupables d'une espèce de » crime, que d'employer le nom du » Roi, sans son agrément, dans une » affaire de cette importance..... Il ne » reste plus que la voie des Mis- » sionnaires françois, qui présente- » ront ces pièces, de sorte qu'on puisse » dans la suite les rapporter, ou au » Roi, ou à la Compagnie des Indes, » ou à eux-mêmes, ou à quelques » autres françois, suivant les ordres » qui nous viendront de la France. »

On adopta en effet ce dernier parti. Une lettre postérieure du même Chinois, annonce la sensation que produisit à la Cour la vue de ces chef-d'œuvres.

« Ils avertirent l'Empereur qu'il » leur étoit arrivé, à Canton, six » pièces de tapisserie; qu'ils prioient » S. M. I. de les faire venir pour en » décorer son palais. Le Tsong-Tou, » sur les ordres de son maître, les fit » partir sur-le-champ. L'Empereur, » à la vue de pièces si rares, fut tel- » lement enchanté, qu'il s'écria : *Oh!* » *les belles choses ; ils n'y en a pas de* » *pareilles dans mon Empire!* »

» Ce fut comme un jour de fète à la » cour : quand l'Empereur est content, » les Seigneurs et les autres Manda- » rins ne peuvent se contenir de joie.

» Les bâtimens du palais n'étant pas » de grandeur convenable pour loger

» ces tapisseries, l'Empereur en fit » faire un exprès. »

Un fait singulier et encore peu connu sur le goût des Orientaux pour les ouvrages de broderie fabriqués en Europe, est celui-ci : le bonnet de cérémonie que porte le Grand-Lama du Thibet, est fabriqué à Londres, et coûte quatre mille piastres ; on en envoie un nouveau tous les ans. L'entrepreneur de cette fourniture est un Anglois, M. Beale, établi à Macao, en qualité de Résident prussien, et qui est à la tête d'un commerce considérable.

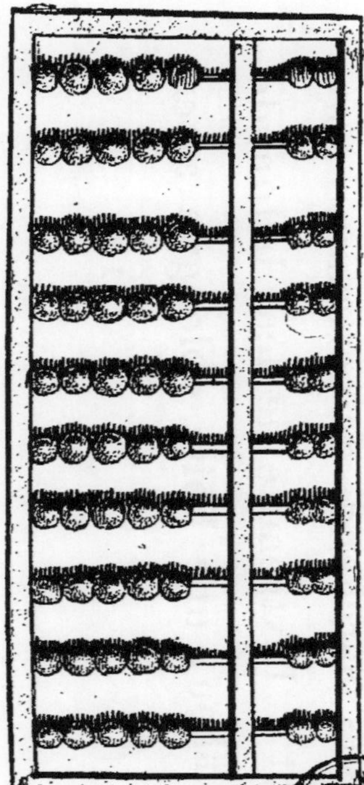

Planche LXIV.

Fig. 1. *Marchand de porcelaine dans son comptoir.*

Je regrette beaucoup que l'éditeur n'ait pas fait graver à part un marchand de porcelaine ambulant ; il est dessiné sur un long rouleau représentant les rues de Pékin ; nos gravures étoient trop avancées quand nous l'avons découvert, pour qu'on eût le temps de le joindre à la collection.

Ces marchands de porcelaine portent à l'extrémité de leur bâton de bambou, une boîte oblongue assez semblable aux paniers d'osier où l'on nettoie la salade, et divisée en plusieurs cases. On voit dans ces boîtes une multitude de tasses, d'assiettes, de soucoupes, et autres objets aussi fragiles; le tout rangé avec tant de soin, que malgré la vîtesse du transport et les vides qui ont nécessairement lieu dans les cases, à mesure du débit, il n'arrive jamais d'accident.

J'ai suffisamment détaillé la manutention de la porcelaine dans le texte explicatif des planches XXIV et XXV, tome IIe. Je me contenterai de placer ici quelques observations des Chinois Ko et Yang :

« Il seroit à souhaiter, disent-ils, » 1.º que les ouvriers chinois eussent

» le goût et la diversité des modèles, » tels qu'on en voit à la manufac- » ture de Sèvres, surtout ceux qui » représentent des figures humaines : » car les Chinois n'ont presque que » des figures unies et simples. Quant » aux figures qu'ils font, elles sont » presque toutes grotesques;

» 2.° Que les Chinois sussent la » manière de faire les modèles des » moules; elle est simple et facile, » de façon qu'un ouvrier peut en » faire plusieurs dans la journée. Il » est à présumer que les Chinois » ignorent cette méthode de faire des » modèles;

» 3.° Que les Chinois donnassent » à leur porcelaine des dessins plus » supportables, etc.

» La matière dont les Chinois se
» servent pour faire leur porcelaine,
» est beaucoup meilleure que celle
» qu'on emploie en France. C'est
» dommage qu'à la finesse de leur
» matière et au brillant de leurs cou-
» leurs, il ne savent (sachent) pas
» joindre le bon goût ; car la porce-
» laine de la France, si elle étoit dé-
» pouillée du goût admirable, et de
» l'émail superbe dont on la décore,
» qu'auroit-elle de plus attrayant et
» de plus charmant que la simple
» fayence fine ? »

Je dois observer que dans ces dernières années la préparation de la pâte de la porcelaine, et même celle de la fayence, ont reçu un degré de perfectionnement considérable.

J'ai trouvé dans la collection du ministre Bertin, des dessins de vases de porcelaine, d'une forme on ne peut plus agréable, et qui, imités dans la manufacture de Sèves, non-seulement trouveroient un débit avantageux, mais obtiendroient beaucoup de vogue. Ce que j'ai particulièrement remarqué dans ces vases, outre la beauté des contours et l'éclat du coloris, c'est le jeu des ombres et de la lumière, en un mot, une entente de la perspective et du clair obscur qu'on ne s'attendroit pas à rencontrer dans les productions du pinceau chinois. Il est certain que dans les compositions de ce genre, la perspective est rigoureusement nécessaire : comment distingueroit-on d'une surface plane, une superficie concave ou convexe? Si ces vases sont cannelés ou divisés en côtes, comme ceux que j'ai eu sous les yeux, il faut de toute nécessité que les sillons du milieu soient plus larges, et que ceux des côtés décroissent progressivement, sans quoi, l'objet ne paroîtroit plus arrondi.

Outre l'habileté des Chinois à peindre sur la porcelaine et les glaces en couleurs qui passent au feu, et sont par conséquent ineffaçables, ils excellent à peindre sur une espèce de pierre, particulière à leur pays, qui se divise en lames très-minces quoique d'un grand diamètre, et dont ils font des paravents.

Un des premiers soins de Ko et Yang rentrés dans leur patrie, fut d'envoyer au Ministre, leur protecteur, un de ces curieux paravents. Voici la description qu'en fit M. Yang, dans sa lettre d'envoi.

...« Un paravent de pierres, d'un » goût singulier, en dix pièces de six » pouces de hauteur, sur neuf de lar- » geur. Chaque pièce est composée de » cinq planches de pierre, deux au- » dessus, deux au-dessous, et la cin- » quième qui est au milieu a près de » deux pieds de hauteur. Ces planches » sont d'une pierre qui a la couleur du » marbre blanc (1); toutes peintes

---

(1) J'ai quelquefois raison de croire que c'est un schiste argileux qui se divise en lames comme l'ardoise. (*Note du Rédacteur*).

» par deux des meilleurs peintres que
» nous ayons trouvés à Canton ; elles
» représentent des personnages, des
» paysages, des fleurs, des oiseaux,
» des insectes, etc.

» Les cadres dans lesquels sont en-
» châssées ces planches, qui sont au
» nombre de cinquante, sont doubles;
» ceux qui touchent immédiatement
» les planches sont faits d'un bois
» jaunâtre, appelé *Nang-Mou*. Si en
» France cette couleur déplaît, on
» peut les faire dorer, les cadres ex-
» ternes (c'est-à-dire ceux qui en-
» tourent les cadres jaunes) sont de
» bois de fer, d'une couleur qui tire
» plus sur le brun que sur le noir.
» On n'a encore jamais pensé d'en-
» voyer en France une pièce sem-

» blable, et nous osons nous flatter
» qu'elle plaira aux yeux ».

Le Ministre enchanté d'un tel envoi, ne manqua pas de demander des renseignemens sur la pierre qui sert à fabriquer ces paravents, et sur la manière d'y appliquer des couleurs. Voici la réponse qu'il reçut :

« La facilité avec laquelle les cou-
» leurs pénètrent les pierres, sans
» perdre leur vivacité, ne vient pas
» de l'art; elle est l'effet de la nature
» de ces sortes de pierres blanches.
» En Chine même, les couleurs ne
» pénètrent pas toutes les pierres,
» sans se changer considérablement.
» Je ne connois que deux sortes de
» pierres en Chine, lesquelles con-
» servent toute la vivacité des cou-

» leurs qu'on y applique; la pre-
» mière se tire dans les montagnes
» d'une ville de la province de Chang-
» Tong; la seconde, près d'une ville
» nommée Tchao-King, à deux jour-
» nées de Canton, et c'est la pierre
» dont on fait des paravents.

» Selon ce qu'on m'a dit, ces
» pierres blanches sont en grosses
» masses cubiques (1); on les met
» en planches par le moyen d'une
» scie, ensuite on les polit avec une
» pierre plus dure. Après cela on les
» peint avec des couleurs; la pein-
» ture étant faite, on y met une cou-
» che de cire, en faisant chauffer les

(1) Preuve que c'est du schiste et non pas du marbre.

» planches, puis on tâche d'ôter le
» plus qu'on peut de cette cire avec un
» couteau de bois; il y reste toujours
» un peu de cire qui ne se peut ôter,
» et c'est ce qui empêche que les cou-
» leurs ne s'effacent ».

Ce procédé n'est autre chose que la peinture à l'*encaustique*, connue des anciens, décrite par Pline, et qui étoit indispensable avant la découverte de la peinture à l'huile : la dernière méthode a prévalu à cause de la commodité de ses procédés mécaniques, mais elle a un inconvénient grave : les couleurs se noircissent, et il arrivera une époque où les chefs-d'œuvre des Raphaël, des Rubens, n'offriront plus que des masses enfumées. Il est vrai que la peinture à l'huile a l'inestimable avantage de se prêter beaucoup mieux à la restauration et surtout au rentoilage des tableaux.

Les Chinois riches ont dans leurs appartemens des vases de porcelaine où ils tiennent des fleurs et des plantes rares, soit en pleine végétation, soit dans l'eau après qu'on les a séparées de leurs tiges. Lorsque la saison est contraire, ils y suppléent par des fleurs artificielles. Je ne sais pas si leurs artistes auront eu, comme les nôtres, l'idée d'imiter les trésors de Flore avec les découpures des cocons de vers à soie; mais ce qui est certain, c'est qu'ils emploient plus communément la moëlle d'un certain jonc. Telle est l'expression de Ko, de Yang, et des Missionnaires qui n'ont jamais pu se procurer les graines de cette plante. Je croirois plutôt qu'au lieu de la moëlle ou de la substance spongieuse où sont implantées les graines, les fabricans chinois mettent en œuvre l'écorce intérieure du même végétal, divisée en lames très-minces, à peu près comme les anciens Egyptiens divisoient l'écorce de leur papyrus, qui est une espèce de jonc ou souchet.

Il ne paroît pas que, malgré toutes ses réclamations, le Ministre Bertin ait pu se procurer des notions satisfaisantes sur le jonc à fabriquer des fleurs artificielles. Les derniers voyageurs anglois et hollandois se taisent sur ce point, aussi bien que sur les paravents de pierre.

Tandis que M. Bertin s'efforçoit d'enrichir sa patrie des plus rares productions de l'art ou de la nature que pût lui offrir l'Empire chinois, il vouloit, par une sorte de compensation, faire connoître à ces peuples de nouvelles jouissances ou de nouveaux objets de curiosité. Il envoyoit aux deux Chinois ses protégés, tout ce qu'ils lui demandoient, en se chargeant même des commissions en apparence les plus minutieuses, telles que de leur procurer des ciseaux, des couteaux, des canifs et des besicles (1), etc.

---

(1) Dans une de ses lettres, Yang remercie le Ministre avec effusion de cœur, de l'envoi d'une paire de lunettes.

Les objets dont il vouloit faire hommage au souverain de la Chine, par l'entremise des Missionnaires françois, n'étoient pas toujours de nature à être présentés sans scandale ou sans danger.

L'Empereur Kien-Long reçut avec tant de joie deux lunettes achromatiques, qu'il les portoit par-tout avec lui. Alors, selon la louable coutume des Chinois de dénaturer tous les noms étrangers, on donna à ces instrumens d'optique la dénomination chinoise de *Souei-Kia*, du mot *Souei* qui signifie *suivre*, et du mot *Kia*, *Majesté impériale*; parce qu'ils suivoient partout le Prince.

Cependant les Missionnaires n'osèrent offrir une statue de biscuit de porcelaine de Sèvres, représentant l'Empereur, ni des portraits en médaillons sortis des mêmes ateliers, ni une machine électrique. Le P. Bourgeois en déduit les motifs dans une lettre dont je crois utile de donner un extrait, parce qu'elle fera connoître de plus en plus le génie particulier de la Nation.

« Votre Grandeur, écrivoit au Mi-
» nistre ce vénérable Missionnaire,
» veut définitivement quelques éclair-
» cissemens sur certains objets dont
» elle se promettoit beaucoup et qui
» paroissent avoir été trop négligés.
» C'est peut-être une fausse délica-
» tesse qui a empêché de dire tout le
» vrai. . . .

» 1°. La statue de l'Empereur, en

» porcelaine blanche, ne lui a point » été offerte pour trois raisons; la » première, parce qu'il est défendu » ici de faire le portrait de l'Empe- » reur; la deuxième, parce que la » statue ne ressemble pas à l'Empe- » reur; la troisième, parce qu'elle » n'est pas habillée selon le costume » de ce pays-ci : le bonnet surtout, » qui est boursouflé comme le turban » des Turcs, paroîtroit ridicule.

» L'Empereur de la Chine, pour » se concilier la vénération, imite la » divinité, *quæ posuit in tenebris la-* » *tibulum suum.* On riroit bien dans » ce pays, si l'on savoit qu'en Eu- » rope, on suspend devant une bou- » tique de vin le portrait des Rois, » exposé à la poussière, à la pluie et

» au vent, aux bons mots, et peut-» être aux sarcasmes de la populace.

» 2°. On n'a point tiré parti des » médaillons en porcelaine, à peu » près par les mêmes raisons. Il y en » a une autre dont il est difficile de » sentir la force dans d'autres pays. » En Chine, une tête séparée du corps » fait horreur, en sorte que, quand » on coupe la tête à quelqu'un, ses » parens ou ses amis la font aussitôt » recoudre sur le corps. Or, les mé-» daillons représentent une tête cou-» pée ; on diroit même qu'on voit » l'endroit où le coup de sabre a été » appliqué ».

» 3°. La machine électrique n'est » point perdue....., mais je doute » qu'on s'en serve ici : comme on ne

» peut rendre raison de ses effets, il » est dangereux que les Chinois ne » les attribuent à la magie. Cela ne » se conçoit pas en Europe; rien ce- » pendant de plus vrai. Il n'en est pas » ainsi de *l'industrieux écrivain* (1). » On peut montrer les ressorts et les » roues qui dirigent la main. Une » autre raison qui n'est pas moins » forte que la première, c'est qu'on ne » peut jamais s'assurer que le globe » n'éclatera pas. J'en ai vu à Reims » un très-beau et éprouvé depuis » long-temps, qui creva dans l'opéra- » tion, et perdit les deux mains de

(1) Un automate, dont le bras et les doigts, mus par des ressorts, traçoient des caractères sur le papier.

» l'électriseur. Si pareille chose arrivoit en présence de l'Empereur, » tout seroit perdu ».

Il faut se rappeler, pour l'intelligence de ce dernier paragraphe, que la partie principale des machines électriques étoit alors un globe de verre et non pas, comme aujourd'hui, un plateau. Ce fut précisément l'accident dont parle le P. Bourgeois qui occasionna dans les machines électriques cette importante amélioration. Outre l'avantage de donner au plateau de verre d'énormes dimensions dont un globe ne seroit pas susceptible, et d'augmenter encore l'intensité de ses effets en le couvrant d'un voile de taffetas, ainsi que l'a pratiqué le savant Van-Marum pour l'immense machine de l'académie de Harlem, le plateau, à superficie égale, est beaucoup moins sujet, que le globe, à éclater. Dans le cas même où l'accident arriveroit, les effets en seroient moins funestes : on tourne les plateaux avec plus de lenteur, tandis que l'on communiquoit aux globes, à l'aide de poulies de renvoi, une vîtesse souvent décuple de celle imprimée à la manivelle.

On excusera, je l'espère, ces digressions, qui n'étoient pas tout-à-fait étrangères à mon sujet, puisque je traite ici des arts où les Chinois semblent avoir sur nous quelque supériorité. *Je reviens à mon texte*, comme dit La Fontaine, et je prie mes lecteurs de regarder sur notre gravure, à gauche du marchand, un petit instrument qui se trouve sur son comptoir. C'est le *souan-pan*, ou machine à calcul, que la figure 2 de la même planche offre sur une plus grande échelle. La description du *souan-pan* exigeant des détails assez étendus, ce sera la matière de l'article suivant.

Planche LXIV.

Fig. 2. *Souan-Pan, ou instrument pour faire des calculs.*

QUOIQUE l'arithmétique des Chinois soit fondée comme la nôtre ou celle que nous avons empruntée des Arabes, sur le système décimal, ils ne pourroient pas, avec leurs chiffres, faire les *quatre règles*, de la manière dont nous y procédons, avec les chiffres arabes. Leur numération, dont je parlerai tout à l'heure, a beaucoup de rapport avec celle des Romains. Ils font tous leurs calculs, même les plus compliqués, avec une machine qui diffère très-peu de l'*abacus* dont on se servoit à Rome. Les Siamois, leurs voisins, ne se servent pas de ces boules enfilées, ils calculent à l'aide de la plume.

La machine à compter que les Chinois appellent *souan-pan,* consiste en un châssis de bois ou de cuivre, de la forme d'un parallélogramme, et divisé dans sa longueur en deux parties inégales, par une tige de la même forme que les bords. A travers les deux compartimens, pénètrent dix tiges de cuivre, contenant, chacune dans la case la plus large, cinq boules d'os ou d'ivoire, et dans la case la plus petite, seulement deux boules.

Les deux boules de la case étroite, représentent chacune cinq unités, et celles de la grande case, seulement une unité.

En calculant, on prend pour ligne des unités, la première à droite ou à gauche, suivant l'habitude de l'opérateur, mais plus communément celle de droite; les autres lignes représentent des nombres dans une progression décuple; les fractions sont décimales, et on les calcule comme des nombres entiers.

Ainsi, à l'aide du souan-pan, il est possible de faire les supputations les plus compliquées; les Chinois s'en servent avec une dextérité, et une vîtesse merveilleuses; on voit dans Duhalde, que l'Empereur, faisant en présence des Missionnaires la vérification d'un demi-cercle astronomique, construit autrefois par le P. Verbiest, se servit du souan-pan avec tant de facilité, que le P. Thomas fut plus long-temps à faire la même supputation à l'aide des chiffres arabes.

Les Chinois ont, comme je l'ai dit, des caractères particuliers pour les nombres.

Ces chiffres ne sont pas sans avoir, du moins pour leur forme, quelque analogie avec les chiffres romains; si ce n'est que l'unité s'exprime par un trait horizontal, et le nombre dix au lieu d'une croix de Saint-André comme notre X, est figuré par une croix droite semblable au signe *plus* + de l'algèbre.

Les nombres 2 et 3 s'expriment par

deux et trois lignes horizontales, l'une au-dessus de l'autre; 4, 5, 6, 7 et 8, sont désignés par des caractères qui semblent arbitraires. Le nombre 9 est indiqué, comme dans l'arithmétique des Romains, par le signe 10, précédé d'un trait indiquant la suppression d'une unité. Les nombres 11, 12, 13, etc., sont rendus par le chiffre 10 avec les nombres 1, 2, 3, etc., en dessous.

On suit un système semblable pour désigner les vingtaines, les trentaines, etc.

Le savant docteur Hager, qui nous a promis un dictionnaire complet de la langue chinoise, a été frappé de ces rapports entre la numération des Romains et celle des Chinois. Il a prétendu que l'analogie alloit encore plus loin : que les trois principaux chiffres romains, I, V et X étoient désignés dans la langue chinoise, par les mêmes sons qui les expriment dans l'alphabet romain.

Il est certain qu'en chinois *un* et *cinq*, se disent *y* et *ou*; ces mots rendent bien les sons de l'*I* et de l'*U* ou V voyelle, tels que devoient les prononcer les anciens Romains; mais M. Barrow reproche au docteur Hager, de n'être pas aussi heureux dans l'assertion, que pour *dix*, les Chinois se servent du mot *xi* qui représenteroit à peu près le son de l'x. En effet, M. Hager a suivi l'orthographe portugaise; le nom de nombre *dix* se prononce en chinois *ché* ou *chy*.

En admettant avec M. Barrow que cette analogie, quand elle existeroit incontestablement, est purement accidentelle, je ne puis m'empêcher de répéter une observation que j'ai mise en note dans ma traduction du voyage de cet ingénieux anglois (1).

Nous ne savons pas au juste comment les anciens Romains prononçoient la lettre X, et si nous prenons garde que cette lettre manque dans la langue des Romains modernes, que l'on dit en italien *Alessandro* et *Serse* et non pas *Alexandre* ni *Xerxès*, on ne trouvera pas l'erreur de M. Hager, aussi grave que l'auteur anglois veut bien le dire.

---

(1) Tome III, page 75.

J'ajouterai que j'ai d'autres raisons, pour croire que les anciens Romains prononçoient la lettre X comme une *s* plus ou moins sifflée. Il existe encore quelques monumens en *notes tironniennes*, c'est-à-dire, dans cette écriture abrégée, dont se servit Tiron, pour transmettre à la postérité les éloquens discours de Cicéron, et que Saint-Cyprien employa par la suite pour recueillir les actes des Martyrs. Les bénédictins Don Carpentier et Don Mabillon ont recueilli et expliqué plusieurs pièces intéressantes du moyen âge, écrites en notes tironniennes. J'ai considéré avec attention ces caractères; j'ai remarqué que les mots *judex* et *vides*, s'écrivoient par un seul et même signe : preuve évidente qu'ils différoient alors beaucoup moins pour la prononciation, qu'ils ne différeroient dans la bouche d'un Moderne; on disoit *ioudes* et *ouides*, ces deux mots d'une prononciation si rapprochée, pouvoient sans inconvénient, avoir un signe commun pour une écriture abrégée, où l'on a besoin d'une grande économie dans les signes élémentaires.

Planche LXV.

Grande balance.

LA boutique représentée dans cette figure, est celle d'un homme dont la profession est de peser les objets qu'on lui apporte. Les Chinois emploient deux sortes de balances ; l'une qui a deux bassins ; l'autre, qui est plus généralement employée et qui ressemble à la balance romaine. Cette dernière est ce qu'on appelle, en mécanique, un levier du *premier genre.* Le point d'appui n'est pas au milieu, mais très-rapproché d'une des extrémités où l'on applique la *résistance*, c'est-à-dire le fardeau à peser. La *puissance*

ou le poids est mobile sur le grand bras du levier, lequel est partagé en un certain nombre de divisions.

On assure que les balances chinoises ne sont pas égales, et qu'elles diffèrent depuis une once chinoise jusqu'à cinq par cent pesant. Celle du tribunal des finances, qu'on appelle Kouan-Pin, ne varie point, et sert de modèle pour les autres, comme la toise du Châtelet de Paris servoit autrefois d'étalon pour les mesures linéaires (1).

La livre chinoise, selon M. De Guignes, répond à 6 hectogrammes

(1) Il existe encore au milieu du Pont-Neuf un étalon de l'ancienne toise du Châtelet : c'est une barre de fer scellée dans la pierre du trottoir.

ou le poids est mobile sur le grand bras du levier, lequel est partagé en un certain nombre de divisions.

On assure que les balances chinoises ne sont pas égales, qu'elles diffèrent depuis une once chinoise jusqu'à cinq, par cent pesant. Celle du tribunal des finances, qu'on appelle *Kouan-Ty*, ne varie point, et sert de modèle pour les autres, comme la toise du Châtelet de Paris servoit autrefois d'étalon pour les mesures linéaires (1).

La livre chinoise, selon M. Deguignes, répond à 6 hectogrammes

---

(1) Il existe encore au milieu du Pont-Neuf un étalon de l'ancienne toise du Châtelet : c'est une barre de fer scellée dans la pierre du trottoir.

2092 milligrammes. Ainsi elle équivaut à un peu plus d'une de nos livres. La livre ou *kin* se partage en 16 onces ou *léang*, le *léang* en 10 *tsien*, et le *tsien* en 10 *fen*. Les termes en usage à Canton sont *kin*, *taël*, *mas* et *condorin*.

Planche LXVI.

Jonque chinoise (1).

Les Chinois ne naviguant presque point hors des mers qui baignent les côtes de leur Empire, il en résulte qu'ils ont fait peu de progrès dans la marine. Cependant ils ont des bâtimens qui font des voyages de long cours, c'est-à-dire qui se rendent à Manille, à Banca et à Batavia; mais ils profitent pour cela des vents réguliers qui soufflent alternativement pendant six mois de l'année du nord-

(1) Le mot de *jonque* a été fabriqué par les Européens.

est ou du sud-ouest. Ces vents s'appellent *moussons*.

C'est plutôt la difficulté pratique de la navigation qui rend les Chinois inhabiles à tenter de plus longues expéditions, que l'impossibilité de se reconnoître lorsqu'ils sont en haute mer, hors de la vue des côtes. J'ai déjà eu occasion de dire qu'ils connoissoient depuis un temps immémorial, la boussole ou aiguille aimantée. Leur boussole est beaucoup plus petite que celle dont on se sert à bord de nos bâtimens. L'aiguille a rarement plus de neuf à dix lignes de longueur.

Une preuve, dit M. de Guignes, que les Chinois ne s'exposoient pas autrefois en pleine mer, c'est qu'ils n'eurent connoissance de l'île de Formose qu'en 1431, et des îles de Pong-Hou qu'en 1564.

L'immense quantité de rivières et de canaux dont leur pays est coupé, les a rendus plus attentifs à la navigation intérieure.

Les jonques destinées au service étranger, portent depuis cent jusqu'à six cents tonneaux (1). Elles ont le fond plat, la poupe élevée et massive. La proue est comme tronquée, sans éperons, et représente assez ordinairement un dragon qui a la bouche béante. M. Barrow compare la figure des jonques chinoises au croissant de la lune à son quatrième jour.

(1) Le tonneau est un poids de deux milliers.

Sur nos vaisseaux européens, la poupe ou l'arrière du bâtiment est la place d'honneur. C'est là que se trouvent la chambre du capitaine, celles des officiers et des passagers de distinction. Il n'en est pas de même à la Chine, c'est la proue qui est le côté honorable. La raison en est que les jonques marchant plus souvent avec le vent arrière, qu'avec le vent en travers, on entasse les marchandises à la poupe.

Les grandes jonques ont trois mâts: celui du milieu est le plus élevé, comme le grand mât de nos vaisseaux. On y ajoute quelquefois un mât oblique correspondant à notre mât de beaupré, et portant à fleur d'eau la voile qu'on appelle *civadière*.

Les mâts ne sont pas divisés en plusieurs pièces réunies par des hunes, c'est-à-dire qu'on n'y voit pas de hunier; on n'y adapte des mâts de perroquet que lorsque le temps est très-beau. Les voiles ne sont pas de toile, mais de nattes très-fines; elles sont renforcées dans toute leur largeur par des bambous, à la distance d'un pied l'un de l'autre. Elles se replient par feuilles, comme des éventails.

Dans les bâtimens d'Europe, les *ris* ou *rides* se prennent par le haut de la voile; dans les bâtimens chinois, ils se prennent par le bas.

Le fond ou cale des jonques chinoises présente un genre de construction tout particulier. Il est divisé en une douzaine de compartimens. Les planches qui forment ces cloisons ont deux pouces d'épaisseur ; les joints sont enduits d'un ciment de chaux et d'huile mêlées avec des raclures de bambou (1). Le docteur Dinwiddie qui accompagnoit lord Macartney, a trouvé que cette composition étoit non-seulement imperméable à l'eau, mais encore dans le cas de résister au feu. Il n'y a pas de doute, dit sir Georges Staunton, qu'elle ne soit préférable au goudron, à la poix et au suif dont on n'use jamais dans la construction des vaisseaux chinois,

(1) En Angleterre, on met quelquefois du crin dans le plâtre, afin de lui donner plus de ténacité.

soit pour le bois, soit pour les cordages. J'ai dit plus haut que les câbles étoient de bambou, et qu'on les faisoit *rouir* dans l'urine.

Les ancres sont de bois de fer ; il est si dur, qu'on en fait aussi des socs de charrue.

Les divisions de la cale présentent un avantage incontestable : s'il se fait une voie d'eau dans un de ses compartimens, le reste demeure intact, et les marchandises n'y sont point avariées. A la vérité, il en résulteroit une diminution considérable de place. Cette raison, disent sir Georges Staunton et M. de Guignes, n'existant pas pour les vaisseaux de guerre, on pourroit employer avec avantage la méthode chinoise, pour construire cette espèce de bâtimens.

Je trouve à cela une difficulté assez grave. Si une voie d'eau se forme dans la cale d'un navire européen, il est facile de la découvrir, et de gagner sur elle de vîtesse par le jeu des pompes. Mais s'il y avoit plusieurs compartimens, il faudroit autant de pompes que de divisions particulières, et les accidens seroient plus difficiles à reconnoître. Tout le monde sait que dans nos grands bâtimens de guerre, on place à fond de cale une sentinelle qui veille attentivement sur l'apparition des voies d'eau, ou sur leurs progrès.

Les vaisseaux de guerre chinois ont à peu près la même figure que les jonques destinées aux voyages de long cours : ils sont armés de petits canons et de carabines.

Les galères qui vont à rames sont armées de pierriers.

Non seulement tous les bâtimens de guerre ont le droit exclusif d'être armés de canons ou de carabines, mais les hommes de l'équipage des bâtimens marchands ne sauroient porter d'armes : s'ils sont attaqués par des voleurs, ils ne peuvent se défendre qu'avec des pierres ou de longs bambous pointus.

Planche LXVII.

Jonque de plaisance.

Ponts chinois.

Les bateaux de plaisance des Chinois, sont d'une forme très-agréable; ils sont composés d'un sallon et de cabinets proprement décorés. Les fenêtres sont garnies de jalousies ou de coquilles, qui, à la Chine, tiennent lieu de vitres. Le long du bateau est un rebord d'un pied et demi de large, pour le service des mariniers : la nature même des choses, a indiqué ce mode de construction, qui existe également sur nos coches d'eau, et

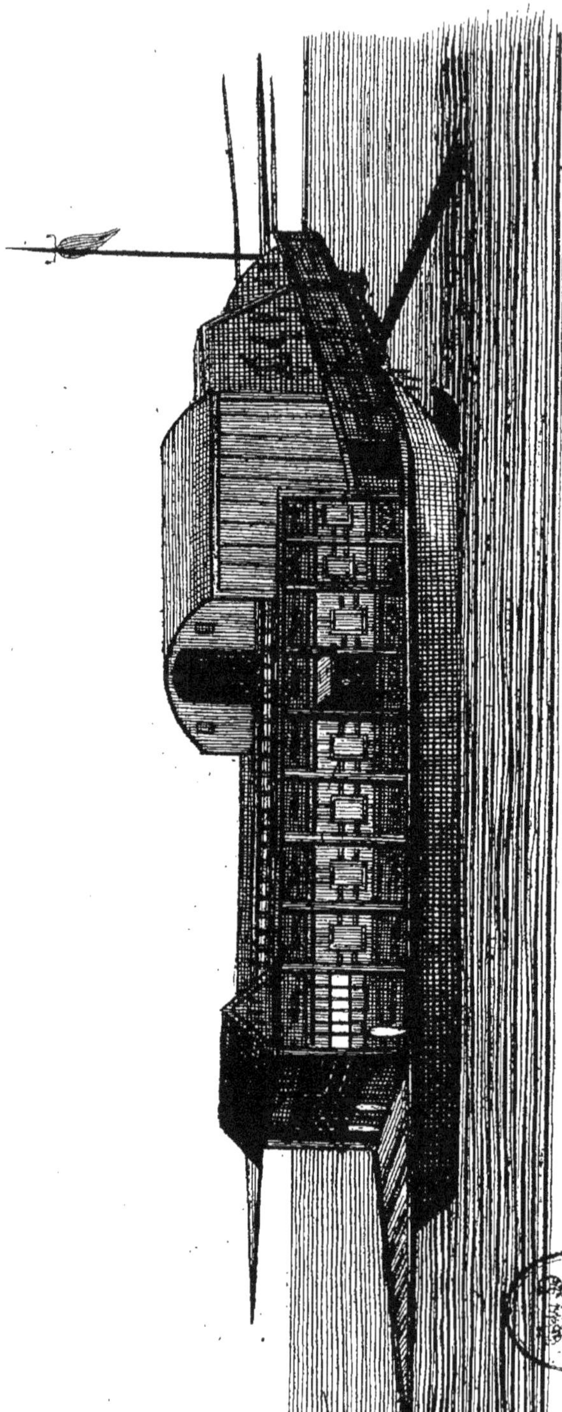

même sur la galiote de Saint-Cloud.

On y adapte quelquefois un mât et une voile ; mais le plus souvent ces bâtimens vont à rames ou sont traînés à la cordelle.

Les bateliers chinois font usage d'une forte rame ou aviron placé à l'arrière ; on en ajoute quelquefois deux sur les côtés. Leur mouvement ne ressemble pas à celui des rames de nos bateaux, mais à celui de la queue d'un poisson : ce même genre d'aviron est aujourd'hui assez commun sur la Seine. Les mariniers qui conduisent les trains de bois flottés, et les bateaux dits *marnois*, se servent d'avirons placés par derrière, et non trasversalement, comme les rames des galères ou des batelets. Il paroît que cette méthode n'est pas très-ancienne, et qu'elle étoit encore inconnue à l'époque du séjour des chinois Ko et Yang à Paris. Voici, à ce sujet, un passage curieux d'une lettre de ce dernier, datée de Cadix, 21 février 1765 (1).

« En fait de navigation, les Chinois ont plus à apprendre qu'à com-
» muniquer ; cependant, comme leur
» manière de naviguer est simple, je
» crois qu'on pourroit tirer profit
» de quelque chose. Par exemple, les
» Chinois, au lieu de se servir des
» avirons pour *nager* leurs bateaux (2),

---

(1) Ils n'attendoient plus qu'un vent favorable pour retourner en Chine.

(2) Il veut dire *diriger*.

» ils mettent à la *queue* une espèce
» de rame qu'ils agitent sans cesse.
» Cett, façon d'agir avance bien plus
» vîte les bateaux, que si on em-
» ployoit des avirons. Nous avons vu
« à l'Orient deux bateaux qu'on me-
» noit ainsi, à la chinoise. Il paroît
» qu'on a pris cela depuis peu des
» Chinois, puisque M. Poivre nous
» fit l'honneur de nous dire à Lyon,
» qu'il n'avoit pas vu en France
» cette façon de *nager* (2), ajoutant
» que c'est le meilleur moyen d'aller
» promptement. »

Lorsque des préposés du Gouvernement surveillent la marche des

---

(1) Lisez *naviguer*.

barques destinées, soit au transport des impôts qui se paient en nature, soit au voyage de personnages considérables, par exemple, des Ambassadeurs étrangers ; ils mettent en réquisition les paysans pour traîner les bateaux à la cordelle. A l'approche de ces convois, tous les hommes des villages voisins abandonnent souvent leurs demeures ; aussi ne change-t-on guère les malheureux conducteurs que pendant la nuit, afin de surprendre à l'improviste ceux qui doivent les remplacer. Un homme armé d'un *pan-tsée*, ou fouet de bambou, corrige ceux qui font mal leur devoir.

Quoique les mâts des jonques ne soient point faits de manière à pouvoir s'abaisser sous les ponts, les culées des ponts sont cependant au niveau du sol. Il en résulte que l'arche, ou les arches, sont fort élevées; on y monte par des degrés ou par une pente assez forte. C'est-là, pour le dire en passant, un des motifs qui rendent les voyages par terre longs et difficiles.

Les ponts, quoique multipliés dans l'Empire Chinois, semblent n'avoir été faits que pour les gens de pied : il y en a cependant de très-curieux; notamment celui de quatre-vingt-dix arches, près de *Sou-Chou-Fou*.

On voit près de Chan-Tcheou-Fou, un pont de pierres noirâtres; il n'a point d'arches, mais il est soutenu par 300 piliers de pierre, lesquels se terminènt en angles aigus, afin de rompre plus aisément la rapidité et la violence du courant. On assure que ce pont est un bienfait d'un ancien Gouverneur de la ville, à qui il coûta quatorze cent mille ducats.

Le fameux pont de fer sur le chemin de Yun-Nan, dans le Koei-Tcheou, est l'ouvrage d'un Général chinois, qui l'a fait construire l'an 65 de l'ère chrétienne : il est situé sur un torrent, entre deux montagnes.

Sur chaque bord on a bâti une grande porte, entre deux massifs de mâconnerie, de six à sept pieds de large sur dix-sept à dix-huit de hauteur; entre ces massifs sont suspendues quatre chaînes à grands anneaux, réunies transversalement par de plus petites chaînes. Au-dessus de ces supports mobiles, mais solidement fixés, ou dresse un plancher de poutres ou de planches de sapin, qui se renouvellent dès qu'elles sont hors de service.

On a construit d'autres ponts de fer à l'imitation de celui-ci ; mais ils sont plus petits, et passent pour moins solides.

J'ai parlé plus haut des radeaux sur lesquels vivent des familles entières. Les enfans y sont attachés avec de longues cordes, pour qu'ils puissent prendre quelque exercice sans risquer de tomber dans l'eau. Les mères attachent quelquefois des calebasses au cou de ceux qui ne sont pas attachés, afin que s'ils viennent à glisser dans la rivière, ils puissent surnager et être sauvés.

Planche LXVIII.

Fig. 1. *Marchand de lièvres en sucrerie, pour les fêtes de la quatrième Lune.*

Je copie fidèlement l'inscription du dessin original. Suivant le P. Magaillans, la fête dont je vais parler, n'auroit pas lieu à la quatrième, mais à la huitième lune. Voici en substance ce qu'il dit :

« Depuis le coucher du soleil et le
» lever de la lune, jusqu'à minuit,
» tout le monde se promène avec ses
» amis et ses parens, dans les rues,
» dans les places publiques, dans les

» jardins et sur les terrasses des mai-
» sons, pour attendre l'apparition
» d'un prétendu lièvre qui doit se
» faire voir cette nuit là dans la lune.
» Les jours précédens ils s'envoient,
» les uns aux autres, des tourtes et
» des gâteaux sucrés, qu'on appelle
» *Yué-pim*, c'est-à-dire gâteaux de
» la lune. Ils sont de forme ronde ; les
» plus grands ont environ deux pal-
» mes de diamètre. Ils représentent la
» *lune pleine*, et ont au milieu un
» lièvre fait de pâte de noix, d'a-
» mandes, de pignons, de sucre, et
» d'autres ingrédiens. Ils les mangent
» à la clarté de la lune : les riches,
» au son des instrumens et d'une
» bonne musique ; les pauvres, au
» bruit des tambours, des tymbales

» et des gongs, qu'ils frappent ru-
» dement. »

Les anciens Empereurs avoient fait construire un palais exprès pour célébrer cette fête (1); il étoit sur une hauteur qu'un appeloit *Toul-Chan*, c'est-à-dire Montagne du Lièvre.

« Nos Européens, dit le P. Ma-
» gaillans, riront peut-être de voir
» que les Chinois s'imaginent que les
» taches de la lune représentent un
» lièvre; mais outre que le peuple,
» parmi nous, a des opinions qui ne
» sont guères moins ridicules, je dois
» les avertir que les Chinois rient
» aussi, quand ils voient dans nos

(1) On l'appeloit *Cim-Yu-Tiem*, palais de la parfaite pureté.

» livres que nous dessinons le soleil » et la lune avec des visages hu- » mains. »

J'ai dit ailleurs, qu'aux yeux des Chinois, les taches de la lune représentent un lièvre qui pile du riz dans un mortier, apparemment que le quinzième jour de la lune, lorsqu'elle approche de son dernier quartier, est le temps où ils croient voir plus distinctement l'image du lièvre.

Suivant le P. Magaillans, les gâteaux lunaires offrent la représentation de la pleine lune; mais, suivant le dessin que nous communiquons à nos lecteurs, ce sont des gâteaux plats, qui ont la figure d'un lièvre accroupi sur ses jambes de derrière ou couché à terre, et mangeant quelque chose de rond; le gâteau du milieu est orné de plumes de paon, il est surmonté d'une figure de la lune, où l'on voit le lièvre pilant du riz; et il n'est pas besoin de dire qu'il coûte plus cher que les autres. Le marchand appelle ses pratiques en agitant une espèce de hochet.

Quoique les Chinois lettrés aient des notions exactes sur l'astronomie, puisqu'ils savent calculer les éclipses, ils encouragent les vieilles superstitions relativement aux éclipses. Le peuple croit fermement que le soleil et la lune quand ils sont éclipsés, sont menacés d'être dévorés par un énorme dragon; que la partie échancrée de ces astres est déjà enfoncée dans la gueule béante du monstre.

Les éclipses ne pouvant se faire qu'aux nœuds de l'écliptique, c'est-à-dire, aux points d'intersection de ce cercle avec l'orbite de la lune, elles ont toujours lieu dans la tête ou dans la queue de la constellation céleste appelée le dragon; le peuple interprétant mal ce qu'il entendoit dire aux astronomes, s'est imaginé qu'il s'agissoit d'un dragon, animal fabuleux, mais dont il regarde l'existence comme véritable.

Quand il doit y voit une éclipse, on affiche dans les rues de Pékin et des autres villes, un placard représentant les dimensions qu'elle doit avoir d'après les calculs des astronomes. Cela ne suffit pas pour diminuer les terreurs du peuple qui fait un grand bruit de gongs, de tymbales et même de chaudrons, jusqu'à ce que le dragon qu'ils croyent effrayer par ce tapage, ait enfin lâché prise.

Les éclipses, surtout celles de soleil, sont regardées à la Chine comme d'un mauvais présage; c'est encore pis, si ce phénomène arrive le jour de l'an; celle qui eut lieu le premier jour de la soixante-unième année du règne de *Kien-Long*, causoit un effroi général, parce qu'il avoit annoncé pour cette époque l'abdication qu'il comptoit faire en faveur d'un de ses fils. Cet habile politique chercha à dissiper ces impressions par une proclamation fort adroite.

« Quoique les éclipses, dit-il, n'in-

» fluent en rien sur le bonheur ou
» sur le malheur des hommes, c'est
» une coutume sagement établie de
» rentrer en soi-même, lorsqu'elles ar-
» rivent, de s'examiner sérieusement,
» et de prendre des mesures efficaces
» pour se corriger de ce qu'on aura
» trouvé de défectueux dans sa con-
» duite. C'est ce que j'ai fait moi-
» même jusqu'à présent dans ces
» sortes de circonstances ».

Il saisit au surplus le prétexte de l'éclipse pour reculer son abdication.

Planche LXVIII.

Fig. 2. *Brouette pour le transport du vin des provinces méridionales.*

Le vin chinois est une espèce de bière; il se brasse dans les provinces septentrionales avec du Hoang-Mi, espèce de gros millet; dans les provinces du Midi on se sert du Kiang-Mi, espèce de riz plus petit que celui qu'on mange.

On commence par faire cuire le grain dans de grandes chaudières, ou quelquefois au bain-maris; on le tire de la chaudière, et quand il est refroidi, on jette dessus une espèce de levain fait avec du froment; on le pétrit, et quand le tout est bien mélangé, on le verse dans de grandes jarres de terre vernissées.

La fermentation dure cinq à six jours, et l'on a du vin. Comme il est un peu mêlé de lie, on le passe dans un grand sac de toile, puis on le conserve dans une grande jarre de l'espèce de celles représentées dans la gravure. Il faut garder ce vin dans un endroit frais, sans quoi il tourneroit.

Les Chinois boivent presque toujours leur vin chaud; avant de le prendre, ils le mettent dans un petit vase d'étain qu'ils font plonger dans l'eau bouillante. La couleur de ce liquide tire sur le jaune; c'est pourquoi son nom générique est *Hoang-Tsieou* ; *Hoang* signifie jaune, et *Tsieou*, liqueur fermentée. Mais il a différens noms et différens degrés de bonté, suivant les endroits où on le fabrique.

Le meilleur est celui de la province de *Kian-Nan* ; on l'appelle *Hoei-Kuen*, du nom d'une fontaine dont l'eau est excellente, et sert à sa préparation. La bouteille revient à quatorze ou quinze sols de France.

Le *Chao-Tsing-Tsieou* ainsi appelé d'une ville de la province de *Tsé-Kiang* où on le fabrique, passe pour aigrelet; mais il monte à la tête et est fort recherché. Quand l'Empereur réprimande ses courtisans sur ce qu'ils font trop bonne chère, il leur reproche de boire du *Chao-Tsing-Tsieou.*

« Le vin chinois (dit l'auteur d'une » notice manuscrite que j'ai entre les » mains) *ne réjouit pas le cœur de* » *l'homme*, comme celui de raisins ; » peu d'Européens s'y font. On vou- » lut faire dans nos maisons du vin » de raisins ; pendant bien des années » les Missionnaires nouveaux venus, » vouloient essayer la façon de faire » le vin, comme on le fait dans leur » pays. Les Italiens et les Portugais » ne réussirent pas mieux que les » François. Jamais on ne put tirer » des raisins d'ici qu'un vin foible, » sans couleur, aigre et facile à se » gâter; et cela n'est pas étonnant :

» dans le temps que le raisin devroit
» mûrir, il tombe régulièrement des
» pluies pendant cinq ou six semaines;
» et comme si cela ne suffisoit
» pas, ceux qui cultivent les vignes
» ont soin d'y faire passer de petits
» canaux, afin que les raisins grossissant
» davantage, le profit soit
» plus grand.

» On prit donc le parti de faire
» cuire le vin nouveau, jusqu'à évaporation
» des deux tiers.... Nous
» lûmes daus le *Journal de Paris*, un
» article intéressant : un homme de
» distinction donnoit avis au public,
» qu'ayant dans ses vignes des raisins
» qni ne mûrissoient pas, il avoit
» pensé qu'en suppléant le sucre qui
» y manquoit, il pourroit en tirer

» parti, et qu'en conséquence il avoit
» mis dans son vin une certaine quan-
» tité de sucre. M. Raux fut tenté de
» faire cette expérience, elle eut un
» plein succès.... Nous témoignons
» notre reconnoissance au gentil-
» homme qui a publié ce secret, et
» aux journalistes qui l'ont inséré
» dans leurs feuilles ».

Duhalde parle, d'après les anciens Missionnaires, d'un vin singulier qui se fait dans la province de *Chen-Si*, et qui se nomme *Cao-yang-tsieou*, c'est-à-dire, *vin d'agneau*. On ne voit pas trop comment la chair d'agneau peut être employée à la fabrication du vin.

Les vignobles étoient autrefois plus abondans à la Chine qu'ils ne le sont aujourd'hui. La vigne paroit y avoir été connue sous la dynastie des *Han*, 125 ans avant l'ère chrétienne. On faisoit du vin de raisin par une méthode qui approche beaucoup de celle des Grecs et des Romains. Les vignes ont été arrachées en vertu d'un édit public, parce qu'elles réussissoient trop bien, et détournoient de la culture des graines céréales. Cependant on a replanté des vignes dans quelques provinces. L'humidité du climat contrarie un peu cette production. Quoique Pékin soit dans une latitude aussi méridionale que Madrid et Naples, il faut y enterrer la vigne pendant l'hiver, et la faire monter en treille l'été.

Je ne puis mieux prouver ce qui a

été dit plus haut, que le vin chinois répugne aux palais européens, qu'en citant ce passage d'une lettre de Yang, écrite de Canton au secrétaire du ministre Bertin :

» Je finis cette lettre par vous prier » de dire à M. Bertin, qu'étant » accoutumés à l'usage du vin en » France, nous nous en trouvons se- » vrés ; qu'une trentaine de bouteilles » suffiront pour nous deux pendant » une année entière ».

On voit par une apostille en marge, que le généreux protecteur donna l'ordre de leur faire passer du vin de Xérès.

On fait en Chine une consommation assez grande de raisins secs. Ils viennent du pays de *Ha-mi*, et les grains en sont d'une grosseur considérable. J'ai sur la culture du raisin en Chine une notice fort savante et fort curieuse du P. Cibot; elle est malheureusement trop longue pour que je puisse en faire usage.

Ce Missionnaire s'y exprime selon sa coutume, en admirateur passionné des Chinois et de leur pays. J'ai dit dans ma préface que c'étoit lui qui avoit rédigé la grande notice qu'on voit en tête des Mémoires sur les Chinois. N'osant d'abord publier sous son nom les idées hardies qu'il y présentoit, il avoit emprunté le nom de Ko, l'un des protégés de M. Bertin. Le Ministre à qui il envoya sa notice, en lui recommandant le *tacet*, écrivit cette apostille sur la lettre d'envoi:

« Il faudra l'en remercier, et n'en » pas moins garder le secret à l'*affligé* » *tranquille* ».

Le Ministre communiqua en effet cette Notice à M. de Guignes père, comme l'œuvre d'un Chinois *instruit de notre histoire et élevé parmi nous*. M. de Guignes fut bien étonné de voir un Chinois fronder tout ce qui avoit été écrit par les savans d'Europe. Il y fit une longue réponse qu'il communiqua à l'Académie. Il envoya ses observations à M. Bertin, en disant dans sa lettre : « J'ai lu et relu » ce Traité du Chinois. Il y a de » bonnes choses, mais il y en a beau- » coup de hasardées. Il nous a quel- » quefois mis de mauvaise humeur à » l'Académie, à cause du ton qui y

» régne... Je me suis occupé à le com-
» parer avec un ouvrage du P. Amiot
» sur le même sujet..... Le P. Amiot
» m'attaque plus directement, mais il
» est plus entêté que le Chinois, des
» antiquités de la Chine, etc. » Je regrette de ne pouvoir insérer la réponse que fit le Ministre à cette boutade de M. de Guignes, en prolongeant malicieusement la mystification.

Cette anecdote dont je puis garantir la vérité, parce que j'ai les pièces originales sous les yeux, ne déplaira peut-être pas aux amateurs de recherches sur les écrits pseudonymes.

Planche LXIX.

LAMPES ET CHANDELLES.

N°. 1. *Lampe avec son support en forme de chaise.*

N°. 2. *Chandelles.*

N°. 3. *Bougie de cire.*

N°. 4. *Chandelier avec une chandelle allumée.*

Les lampes chinoises sont, comme on le voit, d'une forme grossière; elles sont d'argile ou de métal, et montées sur un support en forme de chaise. L'huile qu'on y brûle provient communément des amandes du tong-

2. 3. 4.

tchoux, qui ressemble assez à l'huile de noyer. On emploie cette même huile pour la peinture et le vernis.

On emploie aussi pour les lampes, une espèce de *pétrole* ou huile de pierre.

Le suif dont les Chinois font leurs chandelles, n'est pas tiré du règne animal, mais du fruit d'un certain arbre qui a apparemment la propriété d'élaborer cette substance, comme les animaux ruminans l'élaborent dans leur tissu cellulaire.

L'arbre à suif (1), qui ne prospère que dans les climats chauds, vient dans les provinces de Kiang-Sy, de Kiang-Nan et de Tche-Kiang. Il res-

(1) Croton sebiferum.

tchou, qui ressemble assez à notre noyer. On emploie cette même huile pour la peinture et le vernis.

On emploie aussi pour les lampes, une espèce de *pétrole* ou huile de pierre.

Le suif dont les Chinois font leurs chandelles, n'est pas tiré du règne animal, mais du fruit d'un certain arbre qui a apparemment la propriété d'élaborer cette substance, comme les animaux ruminans l'élaborent dans leur tissu cellulaire.

L'arbre à suif (1), qui ne prospère que dans les climats chauds, vient dans les provinces de Kieng-Si, de Kiang-Nan et de Tché-Kiang. Il res-

(1) Croton sebiferum.

semble au cerisier, quoiqu'il soit de la famille des euphorbes. Il produit de petites fleurs; les unes blanches, les autres jaunes, parce que les mâles et les femelles sont séparées. Le fruit croît par bouquets, à l'extrémité des branches; il est renfermé dans une capsule à trois coques, ligneuse, brune et triangulaire : chaque loge renferme trois grains blancs, de la grosseur d'un petit poids rond, recouverts d'une légère couche de suif. Le nom Chinois de cet arbre est ou-kieou-mou.

Après avoir fait bouillir le fruit, on enlève la graisse qui surnage, et avec cette graisse on fabrique des chandelles, en y mettant de l'huile de lin.

La mêche est fabriquée de diverses matières, ou de filamens de bambou, entourés d'un fil délié de jonc, ou d'armoise, ou d'une espèce de chardon, ou de fils d'amiante, substance alumineuse qui est, comme on sait, incombustible.

Pour les simples chandelles, la mêche est plus communément de bambou; elle s'allume par un bout, et s'enfonce par l'autre dans un gros morceau de bois qu'on emploie en guise de chandelier. L'esprit économique des Chinois, dit sir Georges Staunton, leur a appris que cette méthode produisoit l'avantage que n'obtiennent en Europe les classes indigentes du peuple, qu'en se servant de ce qu'on appelle un *binet*. Ils épargnent, dit-on, de cette manière, un dixième dans la consommation de la chandelle.

Les luminaires de simple suif sont sujets à couler; on y remédie en les enduisant au dehors d'une légère couche de cire; on les peint en vert ou en bleu, et plus souvent en rouge. Ces chandelles ont trois ou quatre pouces de longueur, et ont la forme d'un cône renversé; elles donnent beaucoup de fumée, et répandentune odeur désagréable.

Les bougies sont fabriquées, soit avec la cire d'abeilles, soit avec une cire végétale produite par d'autres insectes, et recueillie sur les feuilles d'une espèce de troëne.

Les Chinois blanchissent la cire

d'abeilles, soit en la laissant tremper pendant cent jours dans de l'eau d'orage, soit en la lavant à diverses reprises dans l'eau de la petite rivière *Yang*.

La cire recueillie sur les arbres, est plus blanche et plus ferme que celle des abeilles.

Le P. Cibot prétend que la cire jaune de la Chine a une propriété singulière, qui seroit vraiment curieuse. Il dit que « quelques onces » d'une pâte faite de cire jaune et de » jujubes sèches bien pétries et bouil- » lies ensemble, peuvent substanter » un homme plusieurs jours et l'em- » pêcher de mourir de faim. On con- » viendra aisément que la cire jaune » étant tirée de végétaux, et n'ayant

» contracté aucune mauvaise qualité,
» en passant par le corps des abeilles,
» peut être très-nourrissante, au moins
» dans certains pays. »

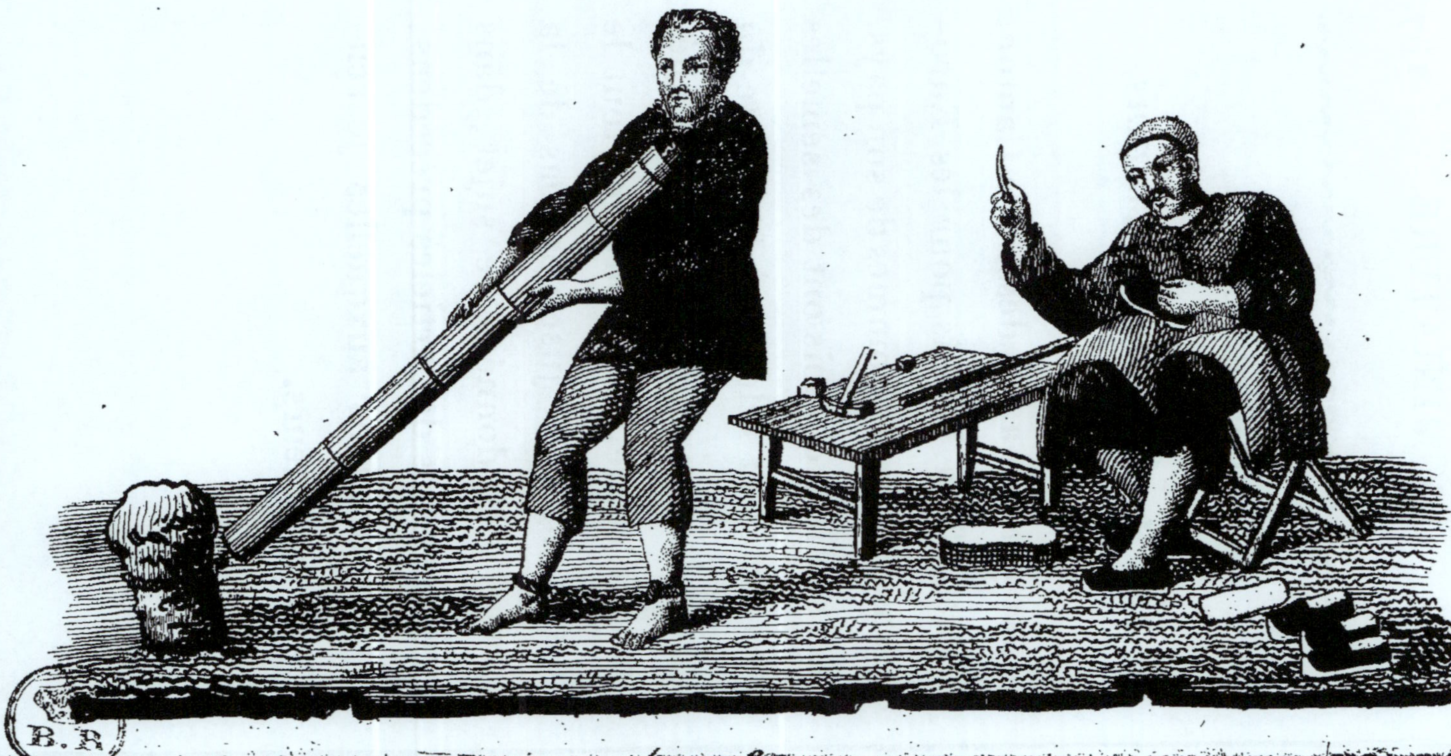

Planche LXX.

Fig. 1. *Cordonnier chinois.*

Cet artisan a été dessiné à Canton. Il travaille à la fois pour les Européens et pour les hommes de son pays. Les souliers chinois ont des semelles très-fortes et relevées à la pointe du pied ; les empeignes sont communément d'étoffe, et recouvrent tout le dessus du pied jusqu'au bas de la jambe. J'ai donné à ce sujet, dans quelques-uns des articles précédens, des explications auxquelles je renvoie mes lecteurs.

Fig. 2. *Homme condamné à la chaîne.*

Ce genre de captivité est extrêmement dur. Le condamné porte autour du cou une chaîne attachée à une grosse tige de bambou, laquelle tient par une autre chaîne à un point fixe. Le malheureux peut circuler tout autour, il peut même s'asseoir et se coucher, mais il reste toujours à la même distance du centre. Quand il se tient debout et lorsqu'il marche, il est obligé de soutenir avec ses mains le morceau de bambou, afin que son cou ne soit pas déchiré ou disloqué par le frottement de la chaîne.

On attache ordinairement de cette

manière les coupables condamnés au tirage des barques, dans les momens où ils n'ont point d'occupation.

La justice est gratuite en Chine; les Magistrats qui la rendent sont payés par le Gouvernement. Il leur est défendu de recevoir les visites des parties, et encore moins leurs présens. Lorsqu'ils siègent en leur tribunal, appelé *Ya-Mén*, ils doivent être à jeun, ou, du moins, n'avoir point bu de vin. Les parties sont entendues en personne, ou produisent par écrit leurs moyens de défense; elles ne pourroient le faire par le ministère d'avoués ni d'avocats.

Planche LXXI.

Punition infligée à un Interprète.

CETTE gravure représente un genre de torture fort commun en Chine. Ce châtiment est ordinairement infligé aux interprètes de Canton, lorsqu'ils sont convaincus d'une infidélité volontaire dans les fonctions de leur charge.

Le patient est placé à genoux entre deux exécuteurs qui le tiennent par les bras. On place sur ses jarrets une longue tige de bambou qui est foulée aux pieds par les deux hommes. Il souffre plus ou moins de douleur,

selon que les bourreaux s'approchent ou s'éloignent de sa personne.

Les supplices des anciens Chinois étoient une marque noire sur le front, l'amputation de certaines parties du corps, telles que le bout du nez, le pied, ou le nerf du jarret, et enfin la peine de mort. Le code actuel de leurs lois prononce la bastonnade, la cangue, l'exil, le tirage des barques, et la mort.

La peine du tirage des barques est prononcée pour 200 à 300 lieues, selon la gravité du délit.

Planche LXXII.

Supplice du fouet, ou de la bastonnade.

La bastonnade et le fouet sont des châtimens très-communs en Chine. Les Mandarins ont droit de les infliger à ceux qu'ils ont reconnu coupables de quelque délit. Une telle correction est regardée comme *paternelle*, et n'est point du tout déshonorante.

Un des valets du Mandarin s'assied à califourchon sur les épaules du coupable qu'on a fait coucher ventre à terre. Un autre lui maintient les jambes avec son fouet, et un autre

lui donne mollement sur les cuisses avec un long fouet ou un bambou fendu, appelé *l'a-z'ee*, le nombre de coups ordonné par la sentence.

Lorsque le juge a prononcé une condamnation à la bastonnade, la sentence s'exécute devant lui. Il a sur une table un étui rempli de petits bâtons longs de six pouces et larges d'un pouce. Autant de fois il en jette sur la table, autant de fois le patient reçoit cinq coups.

Le nombre des coups n'est pas moindre de cinq; il est quelquefois de cinquante; dans ce cas, les suites ne peuvent être mortelles. On assure [illegible] moyennant une forte somme d'argent subir le supplice pour un autre. Ils lui donne rudement sur les cuisses, avec un long fouet ou un bambou fendu, appelé *Pan-Tsee*, le nombre de coups ordonné par la sentence.

Lorsque le juge a prononcé une condamnation à la bastonnade, la sentence s'exécute devant lui. Il a sur une table un étui rempli de petits bâtons longs de six pouces et larges d'un pouce. Autant de fois il en jette sur la table, autant de fois le patient reçoit cinq coups.

Le nombre des coups n'est pas moindre de cinq; il est quelquefois de cinquante; dans ce cas, les suites ne peuvent être mortelles. On assure qu'il y a des gens qui se soumettent, moyennant une forte somme d'argent, à subir le supplice pour un autre. Ils s'entendent ordinairement avec les valets de l'exécuteur, à qui ils cèdent une partie de la rétribution. Alors ceux-ci frappent de côté et ne touchent presque point le patient.

2. 1.

Planche LXXIII.

Fig. 1. *Supplice du* Tcha, *ou de la cangue.*

Les orientaux exposent les criminels à une espèce de carcan ou de pilori, qui consiste à leur renfermer le cou dans une grande table de bois, percée d'un trou au milieu, et dont les deux moitiés sont réunies par des morceaux de bois ou des boulons de fer. On inscrit sur cette planche le nom et les qualités du coupable, le crime qu'il a commis, et la durée de la peine qui est souvent très-longue.

Les deux moitiés reçoivent sur deux bandes de toile ou de papier, les scellés du Mandarin, afin que le coupable ne puisse pas se dégager sans qu'on le reconnoisse.

En effet, le condamné a souvent la liberté d'aller partout où il veut, et de traîner avec lui sa cangue, qui pèse communément soixante-quatorze livres, et quelquefois deux cents. Il ne peut voir ses pieds, ni porter les mains à sa bouche, et il mourroit de faim si ses amis ou des personnes compatissantes ne venoient à son secours; pour se reposer, il appuie contre terre un des angles de la cangue, ou en fait porter les extrémités sur les bâtons d'une espèce de fauteuil.

Le terme de la gêne expiré, le condamné se représente devant le magistrat, qui reconnoît le bon état des scellés, fait ôter la cangue, et renvoye le coupable après une légère fustigation.

En Perse, on ajoute à la gêne du cou et de la tête, celle d'une main; mais cette cangue qu'on nomme *Palenk* dans le pays, est plus légère et d'une forme différente. M. Alexandre, dessinateur de l'ambassade de lord Macartney, n'a pas copié fidèlement la cangue chinoise, puisqu'il a représenté une des mains du condamné prise dans l'instrument de supplice.

Il y a trois manières d'infliger à la Chine la peine capitale; l'une consiste dans la strangulation; elle passe pour être si non la plus douce, du moins pour n'être pas aussi déshonorante. La décapitation est réputée infame, et n'est infligée que pour les délits les plus graves. Les Chinois regardent comme le comble de l'opprobre d'être ainsi mutilé. D'après ce préjugé, ils ont une plus grande horreur encore d'un autre supplice, qui consiste à être coupé en *dix mille* morceaux, ou plutôt dans un nombre indéfini. Ce supplice s'exécute à coups de sabre, et le patient est mis en pièces dans un clin-d'œil.

Le mot *Ouan* ou *Van* qui signifie *dix mille*, est pris le plus souvent dans une acception hyperbolique; il est synonime de grand-nombre. Quand on veut dire précisément dix mille, on a recours à une autre locution ; il faut dire *un et neuf mille neuf cent quatre vingt dix-neuf.*

Les condamnés à la peine de mort ne sont pas exécutés immédiatement après la sentence ; ils sont envoyés à Pékin, ainsi que les pièces de leur procès. Tous les ans, dans l'automne, les Mandarins composant le tribunal des *crimes*, s'assemblent pour réviser les condamnations à mort qui ont eu lieu dans l'année. Leur opinion motivée est mise sous les yeux des ministres. Alors tous les prisonniers chargés de chaînes sont mis dans un ou plusieurs tombereaux, et conduits au palais de l'Empereur ; ils sont examinés séparément par les magistrats, qui suivant l'exigeance des cas, confirment ou annullent la sentence, ou accordent une commutation de peine. Tous les criminels qui ont été condamnés dans l'année, sont exécutés le même jour.

Leur nombre est rarement de plus de deux cents, malgré l'immense étendue de l'Empire, la vigilance et la sévérité des magistrats; il est vrai qu'on ne punit de mort que les délits contre la sûreté de l'Etat et la personne de l'Empereur, et l'homicide, sans distinction entre l'assassinat prémédité, et le meurtre involontaire; le voleur qui a été trouvé porteur d'armes offensives, est également puni de la peine capitale, parce que, dans ce cas, l'intention d'assassiner est présumée. La modération des lois pénales, dit sir Georges Staunton, prouve que les crimes sont rares à la Chine. Ils le sont, en effet, excepté dans les temps de famine, où la rigueur des peines ne retiendroit guère davantage les coupables.

Planche LXXIII.

Fig. 2. *Soldat tartare armé d'un mousquet.*

Ce mousquet étant d'un calibre médiocre, n'a pas besoin d'être appuyé sur un croc de fer; les mèches des fusils chinois sont ordinairement fabriquées avec une sorte d'armoise.

Nous ne reviendrons pas sur ce que nous avons déjà dit relativement aux milices chinoises et tartares; nous dirons seulement quelques mots sur des ordres singuliers de bataille, que les Chinois emploient dans leurs armées.

L'Empereur Hoang-Ti divisoit son

armée en six corps, appelés le *Ciel*, la *Terre*, les *Nuages*, les *Vents*, la *Balance du Ciel* et le *Pivot de la Terre*.

Tay-Koung la divisoit en cinq corps, faisant allusion aux cinq planètes.

D'autres généraux rangèrent leurs bataillons de manière à imiter le fameux dragon et la tortue mystérieuse.

Cette tactique est encore moins absurde que celle d'un général du Bas-Empire, qui dans une campagne en Sicile, disposa son armée suivant les formes d'un corps humain, savoir, la tête, les bras, le tronc et les jambes. Il fut complètement battu, et reçut ainsi la juste récompense d'une idée aussi puérile.

Planche LXXIV.

Lances, Mousquet, Arcs, et autres Armes.

N°. 1. HALLEBARDE dont le fer est long, extrêmement large et tranchant. C'est plutôt un objet de parade qu'une arme véritablement utile à la guerre. On la porte dans les cortèges de l'Empereur, des Vice-Rois, et autres principaux Mandarins.

N°. 2. Large cimeterre à l'usage de la cavalerie.

N°s. 3 et 4. Arc chinois. Celui du n°. 3 a au milieu de la corde une plaque d'ivoire ou de métal, pour

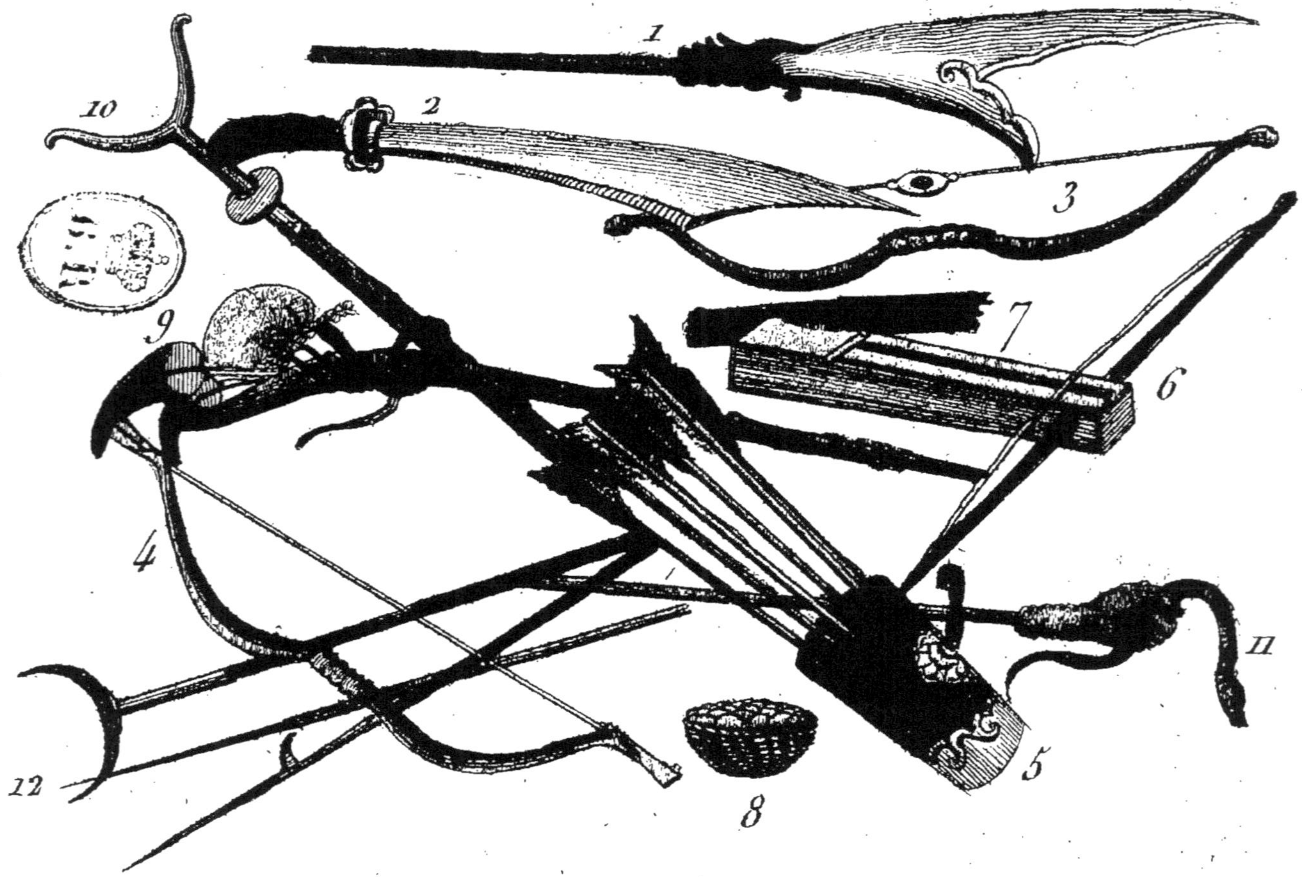
1
2
3
4
5
6
7
8
9
10
11
12

soutenir la flèche et la chasser avec plus de force.

N°. 5. Carquois.

N°. 6. Arbalète.

N°. 7. Traits propres à être lancés avec l'arbalète.

N°. 8. Panier contenant des balles de plomb qui se lancent avec la même arme.

N°. 9. Mousquet, ou Fusil à mèche. A la crosse de cette arme sont suspendues une bourse contenant des mèches et deux cornes renfermant l'une la poudre de charge, l'autre le plomb ou les balles.

N°. 10. Fourchette qui sert à soutenir le mousquet, pendant que l'on fait feu.

N°. 11. Main de justice que l'on

soutenir la flèche et la chasser avec plus de force.

N°. 5. Carquois.

N°. 6. Arbalète.

N°. 7. Traits propres à être lancés avec l'arbalète.

N°. 8. Panier contenant des balles de plomb qui se lancent avec la même arme.

N°. 9. Mousquet, ou Fusil à mèche. A la crosse de cette arme sont suspendues une bourse contenant les mèches et deux cornes renfermant l'une la poudre de charge, l'autre le plomb ou les balles.

N°. 10. Croc de fer pour soutenir le mousquet, pendant que l'on fait feu.

N°. 11. Main de justice que l'on

porte aux cortèges de l'Empereur et des Vice-Rois. C'est une main sculptée, tenant un serpent qui est, chez les Chinois, comme dans la mythologie grecque, l'emblême de la prudence.

N°. 12. Trois espèces de Lances: l'une a le fer droit, une autre a le fer garni d'un crochet; la troisième a le fer en croissant.

Les cavaliers chinois et tartares n'ont pas de carabines ni de pistolets. Ils sont armés exclusivement de lances et de sabres. Ils apprennent à faire, sur leurs chevaux, des tours de souplesse et d'équilibre, dans le genre de ceux qu'exécutent à Paris les écuyers de Franconi.

Planche LXXV *et dernière.*

Manière de mettre les doigts à la torture.

On met entre les doigts du coupable, de petits morceaux de bois tout ronds et à peu près à la moitié de chaque doigt ; on serre ensuite avec des cordes tous ces morceaux ensemble ; les doigts se trouvent écrasés et presque disloqués.

Un pareil supplice est infligé ordinairement aux femmes de mauvaise vie : c'est une de ces malheureuses qu'on a représentée dans la gravure ci-jointe.

La torture des doigts, et celle de la compression de la cheville du pied, sont aussi employées comme *moyens d'instruction et d'interrogation*, dans les procédures criminelles. On met à cette cruelle épreuve, non-seulement les accusés, mais les témoins que l'on soupçonne de ne pas faire une révélation sincère. Un autre genre de *question* consiste à donner des soufflets avec un instrument de bois qui a la forme d'une semelle de soulier. La douleur qui en résulte est si aigüe, qu'il est impossible de recevoir cinq de ces soufflets sans tomber dans l'évanouissement.

Tels furent les moyens odieux qui furent mis en usage au milieu du dernier siècle, contre les Missionnaires européens et leurs néophytes. Kien-Long ne les avoit point encore rappelés, et l'on punissoit sévèrement tous ceux qui professoient le christianisme.

J'ai terminé cette laborieuse compilation, dont il faut juger la difficulté, non par l'étendue des volumes, mais par le grand nombre de faits que j'y ai fait entrer, et que j'ai cherché à réduire dans le plus petit espace possible.

Chacune des gravures dont je m'étois chargé de rédiger le texte explicatif, a été, pour moi, comme le sommaire d'un chapitre dans lequel j'ai fait entrer tout ce qui, de près ou de loin, pouvoit concerner la même matière. Quoique l'on ait observé dans l'arrangement des planches un ordre méthodique, il ne m'a pas toujours été possible de mettre le même ordre dans mes descriptions, ni surtout dans mes digressions.

J'ai donné à cet ouvrage tous les soins dont j'étois capable. Je ne m'en suis occupé sérieusement qu'après avoir mis la dernière main à quelques autres productions depuis long-temps commencées, et qui, par l'effet du hasard, ont vu le jour à-peu-près en même temps, c'est-à-dire deux ou trois mois avant la publication de celle-ci (1).

---

(1) On pourroit être surpris de ma fé-

Je n'ai pas prétendu dispenser mes lecteurs de la lecture ou de la médi-

---

condité, et ne pas concevoir comment j'ai pu imprimer depuis deux ans un assez grand nombre de volumes ; mais il faut remarquer que j'ai terminé depuis long-temps ma *Bibliothèque Géographique*, imitée de Campe. Je suis resté plusieurs années sans imprimer une seule ligne : il n'est pas étonnant que dans l'intervalle mon porte-feuille se soit grossi. J'ai donné trois romans d'Auguste Lafontaine, qui, n'étant que des traductions, exigent moins de travail que des compositions originales. On a eu tort dernièrement, dans deux de nos journaux, d'accuser M. Lafontaine lui-même d'une fécondité excessive, car les divers traducteurs qui sembloient l'avoir ou-

tation des excellens ouvrages que nous possédons déjà sur la Chine;

---

blié, semblent s'être accordés aussi pour revenir presque tous à la fois à ses ouvrages. La plupart de ses derniers romans qu'on vient de traduire, remontent à 1802 et 1804.

Enfin, les Hommes de Lettres à qui l'on reproche une trop grande abondance, peuvent répondre comme Mme de Genlis :

« Les gens qui veulent allier à l'étude
» la dissipation, les plaisirs, les visites,
» les affaires, l'ambition, n'ont aucune
» idée de ce qu'on peut faire quand on
» a renoncé au grand monde ; qu'on a,
» depuis sa première jeunesse, l'habi-
» tude de s'occuper, et qu'on s'est fait

et si j'ai formé comme un faisceau, des observations, des faits, et des notions diverses qui y sont éparses, c'est que j'ai voulu, comme je le dis dans ma Préface, offrir un *compendium* de tout ce que la Chine présente de singulier et d'intéressant.

Loin d'avoir eu l'ambition d'édifier un nouveau système sur l'antiquité et l'origine des Chinois; loin

---

» la loi de travailler tous les jours huit » ou neuf heures ».

C'est précisément l'espace de temps que je consacre au travail : et j'ai, sur beaucoup d'autres, l'avantage de posséder, pour faire mes extraits et rédiger mes premiers brouillons, le procédé singulièrement expéditif de la *sténographie.*

d'avoir eu la prétention d'éclaircir des points de difficultés où les savans les plus célèbres ont trouvé des écueils insurmontables, je ne me suis proposé d'autre but que de recueillir des faits, et d'en offrir, s'il étoit possible, de nouveaux, ou du moins de si peu connus en Europe, qu'ils eussent encore le mérite de la nouveauté.

Si je m'étois livré un instant à des idées plus présomptueuses, je les aurois bien vîte abandonnées, en rappelant sans cesse à mon esprit cet anathême prononcé par l'ingénieux Cibot, contre les faiseurs de systèmes. Le passage d'une de ses lettres écrites au Ministre, trois années avant sa mort, est un des premiers objets qui se soient présentés à ma vue, lorsque je feuilletai leur correspondance :

« Si votre Grandeur s'intéresse au- » tant au *Monde primitif* que le dit » M. de Gébelin, ce sera lui donner » un conseil d'ami, Monseigneur, que » de lui dire de renoncer à la Chine » dans son ouvrage.....

» Parlant ici à huis-clos, je pro- » teste en toute candeur et sincérité, » que les Fourmont, les Bayer, etc., » même, bégayent mal ce qu'ils ont » trouvé dans leurs Mémoires, et di- » sent souvent des ignorances, des » bévues et des *ridiculités* qui démon- » trent que le Chinois les passe. »

FIN.

TABLE
DES MATIERES
CONTENUES
DANS LE TOME QUATRIEME.

FIN DE LA TABLE.

www.ingramcontent.com/pod-product-compliance
Ingram Content Group UK Ltd.
Pitfield, Milton Keynes, MK11 3LW, UK
UKHW031836260826
14628UKWH00001B/414

9 782019 982867